La Gran Aventura de Alejandro

La Gran Aventura de Alejandro

Abby Kanter
Dwight-Englewood School
Englewood, NJ

When ordering this book, please specify:
either **13490** or
LA GRAN AVENTURA DE ALEJANDRO

AMSCO SCHOOL PUBLICATIONS, INC.,
a division of Perfection Learning®

To my children, Jason and Wendy Kanter,
and to my parents, Phyllis and Murray Finston,
with much love.

Illustrations by John Dyess

ISBN 978-0-87720-135-9

Printed in the United States of America

29 30 31 32 33   18 17 16 15

Please visit our Web sites at:
www.amscopub.com and www.perfectionlearning.com

Preface

La Gran Aventura de Alejandro may be used in the second se-
mester of Level I or in Level II. It is an adventure story that features
exciting aspects of Spanish history and culture seen through the eyes
of a young protagonist with whom students can easily identify.

Alejandro is a thirteen-year-old Mexican boy who is both lovable
and exasperating. While traveling through Spain with his parents
and older brother and sister, he helps a young gypsy girl and re-
ceives a magic ring in return. His siblings tease Alejandro for be-
lieving in the ring, but it turns out that his faith is justified. As the
family visits each landmark in Spain, the ring enables Alejandro to
meet and share adventures with historical and fictional characters
associated with that place. He comes to know El Cid, Lazarillo de
Tormes, Don Quijote, and Juana La Loca. He is even able to enter
the famous Velázquez painting "Las Meninas" to meet the Princess
Margarita.

Grammatical structures and vocabulary are kept simple, with emphasis on natural conversation. Dialog among Alejandro, his siblings and parents, and the people they meet helps students become
familiar with everyday Spanish.

To facilitate reading, special emphasis is given to vocabulary normally learned in Level I, including the use of cognates. Unfamiliar
words and expressions are glossed in the page margins. At the beginning of each chapter, there is a brief list of words for students to
add to their working vocabulary. These words occur in the chapter
texts and are reinforced with exercises. Once a word has been intro-
duced as vocabulary, special care is taken to "recycle" it in subse-
quent chapters to enhance retention.

The diversified exercises reinforce all language skills: reading comprehension, vocabulary, basic structures, and oral and written communication. The exercises also include personal components to encourage students to relate their own experiences and opinions.

With its interplay of adventure and magic, *La Gran Aventura de Alejandro* captures the imagination of students as it develops their ability to understand and communicate in Spanish. By identifying with Alejandro, students gain insight into the culture and history of Spain.

Alejandro owes his origin to my Dad, who long ago led me by the hand into the Passaic Public Library. He shared with me a sense of wonderment, which continues to this day.

In the development of this book, I gratefully acknowledge the help and support of my dear friends Iris and Vincent Jiménez and Jack Leiser. I would also like to thank many past and present members of the Dwight-Englewood School Community, Barbara Meyer, Barbara Catalano, Julia Nocka, my wonderful Language Department colleagues, and the students who were the first to meet and react to Alejandro. Their advice, time, and caring are more appreciated than I can say here.

                                                                    A.K.

Contents

1

Conocemos a Alejandro

VOCABULARIO

el/la menor	*youngest*	**por todas partes**	*all over;*
el/la mayor	*oldest*		*everywhere*
parecer	*to seem*	**creer**	*to believe*
colegio	*school*	**debajo**	*under*
amar	*to love*	**cama**	*bed*
limpio	*clean*	**deber**	*should*
faltar	*to be lacking*	**verdad**	*truth*
(Me faltan	*(I need two*	**vida**	*life*
dos libros.)	*books.)*	**soñador**	*dreamer;*
mejor	*best*		*daydreamer*
único	*only*		

Alejandro Toledo tiene trece años. Vive con
su familia en Ticomán, un pueblo pequeño
cerca de la Ciudad de México. Alejandro es el
hijo menor. Tiene un hermano, Miguel, de
5 quince años. Isabel, su hermana, tiene dieciséis
años. Miguel e Isabel le parecen a Alejandro
muchachos perfectos. Los dos sacan buenas   sacar buenas notas
notas en el colegio y tienen los dormitorios bien   *to get good grades*
limpios y todas sus cosas en orden.
10   Miguel juega al fútbol, y es el mejor jugador
de su equipo. Isabel es muy bonita, y toca el
piano a la perfección. Pero Alejandro es diferente. Le falta un talento especial.
    Alejandro no es ordenado como sus herma-   ordenado *neat,*
15 nos. Su dormitorio es el único de la casa donde   *orderly*

1

hay ropa, libros y papeles por todas partes. (Una vez la madre de Alejandro encontró un bocadillo muy viejo, de color verde, debajo de la cama.)

encontró *found*

bocadillo *sandwich*
verde *green*

20 Los maestros de Alejandro le dicen: —Debes estudiar más para sacar buenas notas como tus hermanos mayores. Sus padres le dicen: —Debes ser más ordenado, como tus hermanos mayores.

25 Alejandro cree que sus padres prefieren a Miguel y a Isabel, pero eso no es verdad.

Alejandro sí tiene un talento especial: tiene una imaginación extraordinaria y es un soñador sin par. También tiene la capacidad de 30 amar y disfrutar de cada día de su vida. En otras palabras, Alejandro tiene un espíritu aventurero. Vamos ahora a acompañarlo en las aventuras más increíbles de su vida.

sin par *without equal*
capacidad *ability*
disfrutar *to enjoy*
tener un espíritu aventurero *to have an adventurous spirit*

Ejercicios

A. Verdadero o falso. Si es verdadero, di «verdadero». Si es falso, da la respuesta correcta:

1. Alejandro es un niño pequeño.
2. Alejandro es un joven español.
3. Alejandro tiene dos hermanos.
4. Alejandro es desordenado.
5. El dormitorio de Alejandro es como el de su hermano.

B. Selecciona la respuesta correcta para completar la frase:

1. Isabel tiene un talento especial:
   a. toca el violín a la perfección.
   b. juega al fútbol a la perfección.
   c. toca el piano a la perfección.

2. Los maestros de Alejandro le dicen que debe
   a. jugar más al fútbol.
   b. estudiar más.
   c. ir a casa y comer un bocadillo.

3. Los padres de Alejandro son como todos los otros padres porque le dicen a Alejandro que debe
   a. arreglar su dormitorio.
   b. estudiar mucho.
   c. practicar el fútbol.

4. Los padres de Alejandro
   a. prefieren a Miguel y a Isabel.
   b. prefieren a Alejandro.
   c. no tienen preferencias.

5. Alejandro sueña mucho, por eso
   a. va a la cama a dormir.
   b. tiene muchas aventuras.
   c. le falta un talento especial.

C. Contesta las preguntas. Usa *faltar* o *parecer*:

EJEMPLO: ¿Qué le falta al dormitorio?

Le falta la cama.

1. Vas a hacer un viaje. En la maleta tienes pantalones y camisas. ¿Qué otras cosas te faltan?

2. ¿Qué le falta a Carlitos?

3. ¿Qué le falta a la casa?

4. ¿Qué le faltan a Antonio?

5. ¿Quién te parece más contenta?

LUISA   TERESA

6. ¿A Enrique le parece bonita Lola?

7. ¿Te parecen interesantes estas preguntas?

D. Composición. Imagina que eres Alejandro. Escribe un diálogo entre tu madre y tú sobre el estado en que está tu dormitorio.

2

El viaje

VOCABULARIO

durante	*during*	**el cepillo**	*brush*
lugar	*place*	**el almacén**	*department*
pasar	*to pass*		*store*
	(through); to	**la cosa**	*thing*
	spend (time)	**en seguida**	*right away;*
delante de	*in front of*		*immediately*
simpático	*likeable*	**descansar**	*to rest; to*
ponerse bravo	*to get angry*		*relax*
olvidar	*to forget*	**sacar**	*to take out;*
la ropa interior	*underwear*		*to remove*

Durante las vacaciones de Semana Santa,* los padres de Alejandro deciden hacer un viaje con sus hijos a Madrid, la capital de España. Quieren visitar los museos, monumentos, ca-
5 tedrales y otros lugares famosos de la ciudad.

Llegan a Madrid el 7 de abril por la mañana al aeropuerto de Barajas, que es grande y moderno y tiene mucha actividad. Después de pasar por la aduana, donde les revisan las
10 maletas, van a un puesto de cambio a cambiar unos pesos en pesetas. Por fin salen del aeropuerto y llaman un taxi. El chofer, un andaluz simpático, los lleva al Hotel Arosa, en el centro de Madrid, cerca de la Gran Vía.

aduana *customs*
les revisan las maletas *their suitcases are checked*
puesto de cambio *exchange booth*
cambiar *to change*
peso *Mexican unit of money*
peseta *Spanish unit of money*
andaluz *Andalusian***

*

Semana Santa (*Holy Week*) is the week from Palm Sunday through Easter Sunday.
Person from **Andalucía, a region in southern Spain.

La Gran Vía es la calle central, donde se encuentran todos los restaurantes de servicio rápido. También hay cines, donde se ven películas europeas y norteamericanas.

En el hotel, todos comienzan a sacar la ropa
20 de las maletas. Los hermanos de Alejandro tienen todo lo necesario, porque siempre hacen

sus maletas con mucho cuidado. Pero Alejan-   cuidado *care*
dro, como es natural, olvida su ropa interior y
su cepillo de dientes. Por eso tiene que ir con
25 sus padres a un almacén a comprar las cosas
que le faltan. Su papá se pone un poco bravo,
y sus hermanos se ríen de él. Como están can-   se ríen de *laugh at*
sados del viaje, compran las cosas que necesi-
tan y salen en seguida.

30   Es la una. Almuerzan en un restaurante,
cerca del hotel, y vuelven a sus cuartos para   cuarto *room*
pasar la hora de la siesta. La siesta, entre la una
y media y las cuatro y media de la tarde en
España, es para descansar. Durante estas horas
35 todas las tiendas cierran, y todo el mundo come
un almuerzo grande y descansa después.

Ejercicios

A. Completa la frase con la palabra apropiada:

1. Compramos el _____ de dientes en el _____.
2. El padre se pone _____ porque Alejandro _____ su ropa interior.
3. _____ es la capital de España.
4. La Gran Vía es una _____ importante de Madrid.
5. En el cine vemos _____ norteamericanas.

B. Describe en español:

1. la siesta
2. el almacén
3. el aeropuerto

C. Contesta en español:

1. Cuando vas de viaje, ¿qué llevas en la maleta?
2. ¿Qué haces durante las vacaciones?

3. ¿Tienes un talento especial? ¿Cuál es?
4. ¿Cómo es tu dormitorio? Descríbelo.
5. ¿Eres desordenado como Alejandro? Explica.
6. ¿Eres soñador como Alejandro? ¿Eres soñador durante la clase de español?
7. ¿Qué olvidas?

D. Pasatiempo. ¿Dónde están las catorce palabras que conoces? Búscalas en dirección vertical, horizontal y diagonal:

D	O	R	M	I	T	O	R	I	O	X	D
V	L	P	U	N	I	C	O	C	X	E	E
R	V	U	E	T	R	A	P	O	E	M	B
A	I	E	C	R	A	M	A	N	B	E	E
N	D	S	E	A	L	I	A	C	A	N	R
T	A	V	P	O	R	S	A	I	D	O	X
E	R	E	S	O	D	A	N	E	D	R	O

E. Busca a la derecha la palabra opuesta o antónimo de la palabra de la izquierda:

1. la ropa interior
2. en seguida
3. sacar
4. simpático
5. descansar

a. meter, poner
b. trabajar
c. desagradable
d. el abrigo
e. más tarde

F. Composición. Describe una persona que te parece muy simpática. Explica por qué esta persona te parece simpática.

3

La gitana

VOCABULARIO

el gitano	*gypsy*	**la derecha**	*the right*
oír	*to hear*	**la izquierda**	*the left*
los gritos	*screams*	**el anillo**	*ring*
próximo	*next*	**el dedo**	*finger*
doblar (la esquina)	*to turn (a corner)*	**el brillo**	*shine*
		brillar	*to shine*
llorar	*to cry*	**extraño**	*strange*
empujar	*to push*	**el mundo**	*world*
el ladrón	*thief*	**tonto**	*silly; foolish*
tener miedo	*to be afraid*	**la mentira**	*lie; falsehood*

A las cuatro y media, la familia Toledo baja a caminar en la Gran Vía. A Miguel y a Isabel les gusta mirar los escaparates de las tiendas elegantes. Pero a Alejandro le interesan otras 5 cosas. Oye unos gritos, y mientras su familia está cerca de una tienda, Alejandro dobla la esquina y va en dirección de los gritos.

En la próxima calle, ve a una niña gitana de cinco años. Esta pobre niña llora porque dos 10 chicos le dicen cosas terribles y la empujan.

Un chico: —¡Vete de aquí, gitana!

Otro chico: —¡Ladrona! ¡Todos los gitanos son ladrones!

Alejandro se pone entre la niña y los chicos.

15 Alejandro: —¡Váyanse o llamo a la policía!

escaparates store windows

mientras while

en dirección de *toward*

empujan push
¡Vete de aquí! *Go away!*

se pone entre *puts himself between*
¡Váyanse! *Go away!*

10

Los chicos se van. La niña, que todavía tiene miedo, mira a Alejandro y le dice: «Gracias».

Alejandro: —¿Cómo te llamas, chiquita?

Graciela: —Graciela.

20 Alejandro: —¿Dónde está tu mamá?

Graciela: —Está vendiendo manteles en la esquina de la calle del Río y calle de Bailén.

Alejandro: —Te llevo hasta allí.

Graciela toma la mano de Alejandro y los 25 dos empiezan a caminar. El problema es que Alejandro no sabe dónde está la esquina de la calle del Río y calle de Bailén. Por fin ve a un policía.

Alejandro: —Disculpe, señor policía. ¿Puede 30 Ud. decirme dónde está la esquina de la calle del Río y calle de Bailén?

El policía: —Si vas por esta calle y doblas a la derecha y caminas una cuadra y doblas a la izquierda, es la próxima esquina.

35 Alejandro: —Gracias, señor.

El policía: —De nada, chico.

Alejandro y Graciela encuentran la esquina. Allí está la madre de Graciela. Se llama Manuela.

40 Manuela: —¡Ay, hija mía! ¿Te perdiste? ¡Tuve tanto miedo! ¿Estás bien, mi amor?

Graciela: —Sí, mamá. Unos chicos malos me empujaron, pero este chico me ayudó.

Manuela: —Muchísimas gracias, muchacho. 45 Me traes a mi hija, sana y salva. Te voy a dar un regalo de gran valor.

La gitana Manuela saca de su bolsa un anillo muy raro. El anillo es de vidrio, y tiene un brillo extraño. Manuela toma la mano de Ale-50 jandro y le pone el anillo en el dedo.

---

todavía *still*

chiquita *little girl*

manteles *table cloths*

disculpe *excuse me*

cuadra *block*

¿Te perdiste? *Were you lost?*
Tuve tanto miedo. *I was so afraid.*
empujaron *pushed*
ayudó *helped*

sana y salva *safe and sound*
gran valor *great value*

raro *unusual*
vidrio *glass*

Alejandro: —Gracias, señora, pero no debo aceptarlo.

Manuela: —Pero quiero dártelo. Si lo aceptas, me haces feliz.

55 Alejandro: —Entonces, lo acepto con mucho gusto. Mil gracias, señora.

gusto *pleasure*

Manuela: —No hay otro anillo como éste en todo el mundo. Es un anillo mágico. Te va a abrir mundos fantásticos.

éste this *one*

60 Alejandro: —¿Por qué es mágico? ¿Qué hace el anillo?

Manuela: —Vas a ver, vas a ver. Sé que eres la persona ideal para usar este anillo.

De repente Manuela y Graciela desaparecen 65 de la calle. Alejandro está solo, con el anillo mágico en el dedo.

desaparecen *disappear*

A las cinco y media, después de andar muchas horas por las calles de Madrid, Alejandro encuentra el Hotel Arosa. Su familia lo espera, 70 muy preocupada.

preocupada *worried*

Sr. Toledo: —¡Alejandro! ¿Dónde estuviste? ¡Nos preocupamos tanto!

Alejandro les dice todo lo que pasó. Otra vez sus hermanos se ríen de él.

75 Miguel: —¡Un anillo mágico! ¡Qué tonto eres! ¿Crees esta mentira de la gitana?

¿Dónde estuviste? *Where were you?*
Nos preocupamos tanto. *We were so worried.*
todo lo que pasó *everything that happened*
se ríen de *laugh at*

Ejercicios

A. Verdadero o falso. Si es verdadero, di «verdadero». Si es falso, da la respuesta correcta:

1. A Alejandro le interesan mucho las tiendas.
2. Alejandro ayuda a una niña mexicana.

3. Graciela tiene cinco años.
4. La madre de Graciela cree que Alejandro es cruel.
5. Al principio, Alejandro no quiere aceptar el anillo.
6. La gitana le da a Alejandro un anillo común.
7. Miguel cree que el anillo es mágico.

B. Selecciona la respuesta correcta para completar la frase:

1. Alejandro oye
   a. música.
   b. gritos.
   c. la radio.
   d. un piano.

2. Graciela llora porque
   a. le tiene miedo a Alejandro.
   b. no puede encontrar su perro.
   c. unos muchachos la insultan.
   d. no tiene mamá.

3. Para encontrar a la madre de Graciela, Alejandro busca la ayuda de
   a. un médico.
   b. su padre.
   c. unos chicos.
   d. un policía.

4. La madre de Graciela le da el anillo a Alejandro porque
   a. quiere darle las gracias a Alejandro.
   b. quiere pedirle dinero a Alejandro.
   c. cree que Alejandro es un ladrón.
   d. Alejandro quiere el anillo.

5. Alejandro vuelve adonde está su familia
   a. sin problemas.
   b. con la gitana.
   c. en seguida.
   d. algunas horas más tarde.

C. Usa el verbo *deber* (*should*) para dar consejos (*advice*) en estas situaciones:

> EJEMPLOS: Estoy enfermo.
> Debes llamar al médico.
> No debes salir de casa.

1. Veo un crimen.
2. Llego a casa después de trabajar mucho. Estoy cansado.
3. Hay un examen mañana y no tengo mi libro en casa.
4. Les tengo miedo a los tiburones (*sharks*).
5. Quiero comprarle un regalo a mi amigo, pero me faltan $2.

D. Busca a la derecha la palabra opuesta o antónimo de la palabra de la izquierda:

1. la mentira
2. la derecha
3. tonto
4. llorar
5. extraño

a. usual
b. inteligente
c. la izquierda
d. la verdad
e. estar contento

E. El verbo *oír* es muy irregular:

oigo	oímos
oyes	oís
oye	oyen

Usa el verbo *oír* para contestar:

1. ¿Dónde oyes musica?
2. ¿Oyen Uds. al profesor?
3. ¿Cuándo no oyes nada?
4. ¿Cuándo se oye un gallo (*rooster*)?

F. Contesta:

1. ¿Quién es muy tonto/tonta? ¿ Por qué?
2. ¿A qué le tienes miedo?
3. ¿Quién es un ladrón muy famoso?
4. ¿Hay gitanos en nuestro país?
5. En la clase, ¿quién se sienta a tu derecha? ¿Y a tu izquierda?
6. ¿Dónde llevas un anillo?

G. Usa el mapa y las palabras del vocabulario. Completa las
frases:

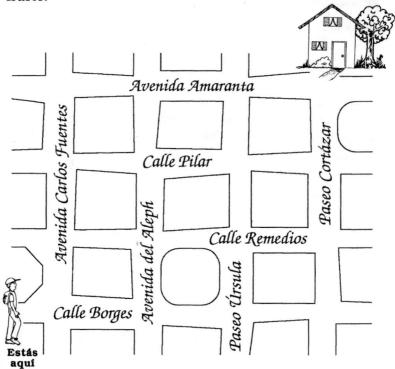

1. Para encontrar el tesoro (*treasure*) debes doblar a la _____ en la
   esquina de la calle Borges y avenida Carlos Fuentes.
2. Llegas al Paseo Úrsula. Debes _____ a la izquierda.
3. Debes andar por el Paseo Úrsula tres _____.
4. Debes doblar a la _____ en la avenida Amaranta. Vas a ver una
   casa.
5. Hay un árbol _____ de la casa.
6. El tesoro está _____ del árbol.

4

Don Quijote

V O C A B U L A R I O

tener ganas de	*to feel like (doing something)*	**el enemigo**	*enemy*
		el patio	*yard; patio*
hacia	*toward*	**mucho gusto**	*much pleasure*
en el medio de	*in the middle of*	**(Mucho gusto**	*(A great*
loco	*crazy*	**en conocerlo)**	*pleasure to meet you)*
un loco	*crazy man*	**encantado de**	*delighted to*
lleno de	*full of*	**conocerlo**	*meet you*
el corazón	*heart*	**detrás de**	*behind, in back of*
imaginarse	*to imagine*		
tratar de	*to try to*		

A la mañana siguiente, la familia se levanta temprano. Tienen ganas de explorar la ciudad. Salen del hotel y caminan hacia el norte por la Gran Vía. A los pocos minutos, llegan a la
5 Plaza de España. En la Plaza hay mucha gente, que descansa y disfruta de los árboles y de las flores. En el medio de la Plaza se ve una enorme estatua de Miguel de Cervantes. Esta estatua de bronce tiene enfrente las figuras
10 de Don Quijote y Sancho Panza.

Cervantes es un autor español que nació en 1547 y murió en 1616. Escribió «Don Quijote».

Mucha gente dice que «Don Quijote» es la mejor novela del mundo. Los héroes de la
15 novela son Don Quijote y Sancho Panza. Don

disfruta de *enjoys*

nació *was born*
murió *died*
escribió *wrote*

Quijote es un hombre muy idealista. Este buen
hombre cree que es un caballero andante, y
trata de ayudar a todos los que necesitan su
ayuda. Su escudero, Sancho, lo ayuda en sus
20 aventuras. Muchos dicen que Don Quijote es
un loco, pero a Alejandro no le parece loco.
Don Quijote le parece a Alejandro un héroe de
gran imaginación y corazón generoso.

caballero andante
knight errant
los que *those who*
escudero *squire*

Alejandro mira las estatuas de Cervantes, de
25 Don Quijote y de Sancho. Nota que Sancho
tiene la barriga grande. «Panza», el sobrenombre de Sancho, quiere decir «barriga».

barriga *belly*
sobrenombre *last name*

Mientras Alejandro mira la estatua, algo extraño pasa. Su anillo empieza a brillar. De re-
30 pente Alejandro se encuentra en un cuarto
lleno de libros. En el centro del cuarto Alejandro ve a una persona. ¡Es el mismo hombre de
la estatua!

—Soy Don Quijote de la Mancha. A tus ór-
35 denes—le dice el hombre a Alejandro—. Y,
¿quién eres tú?

a tus órdenes *at your service*

Alejandro está tan sorprendido que casi no
puede hablar. Por fin le dice: —Soy . . . soy
A-Alejandro. ¿Dónde estoy?

sorprendido
surprised
casi *almost*

40 Don Quijote: —Estás en mi biblioteca.
¿Cómo llegaste aquí?

llegaste *did you arrive*

Alejandro: —No sé, pero me imagino que
tiene algo que ver con este anillo mágico.

Don Quijote: —¿Un anillo mágico? ¿Te lo
45 dio mi viejo enemigo, el sabio Fresón?

tiene algo que ver
con *it has something to do with*
dio *gave*
el sabio *the wizard*

Alejandro: —No conozco a ningún sabio lla-
mado Fresón, señor. Este anillo me lo dio una
gitana.

Don Quijote: —¿Una gitana? No, me ima-
50 gino que esa mujer no es gitana. Es la mujer

que amo, la bella Dulcinea del Toboso.

Alejandro: —Pero yo la vi. Es una gitana, la
madre de la niña Graciela.

Don Quijote: —No, muchacho. Me ima-
55 gino que es mi Dulcinea, disfrazada de gitana.

Alejandro: —Sí. Si Ud. lo cree así.

yo la vi *I saw her*

disfrazada de
disguised as

Don Quijote: —Vamos a buscar a Dulcinea.
Así puedes conocerla.

Alejandro y Don Quijote salen de la biblio-
60 teca. Van al patio, donde encuentran a Sancho,
que le da de comer a Rocinante, el caballo de   da de comer *feeds*
Don Quijote.

Sancho: —¿Quién es este muchacho?

Don Quijote: —Te presento a mi nuevo
65 amigo, Alejandro.

Sancho: —Mucho gusto.

Alejandro: —Encantado de conocerlo.

Don Quijote: —Quiero llevar a Alejandro a
conocer a mi amada, Dulcinea.   amada *sweetheart*

70 Don Quijote monta a Rocinante y Alejandro   monta *mounts*
monta detrás de Sancho en su burro, y se van.   burro *donkey*

Ejercicios

A. Verdadero o falso. Si es verdadero, di «verdadero». Si es falso, da la respuesta correcta:

1. La familia se levanta temprano porque quiere ir de compras.
2. En la Plaza de España, Alejandro ve una estatua del rey de España.
3. Don Quijote es el autor de «Cervantes».
4. «Don Quijote de la Mancha» es el mejor jabón del mundo.
5. Alejandro puede hablar con Don Quijote porque tiene un anillo mágico.
6. El anillo mágico es un regalo de la gitana. Don Quijote no cree esto.
7. El caballo de don Quijote se llama el señor Ed.
8. Don Quijote, Sancho y Alejandro van a buscar a Dulcinea.
9. Dulcinea es la mujer que Sancho ama.

B. Completa la frase con la palabra apropiada del vocabulario:

1. Shredder no es amigo de las Tortugas Ninja, es su _____.
2. Vamos a jugar en el _____ que está detrás de la casa.

3. Cuando saludo por primera vez a una persona, le digo:
   — _____ .

4. Roberto tiene mucha imaginación. _____ que es rey.

5. La biblioteca está _____ de libros.

6. El señor cree que es un gato. El señor está _____ .

7. El _____ es el símbolo del amor.

8. Romeo _____ a Julieta con todo su corazón.

9. Luis está a la izquierda de Juan. Pedro está a la derecha de Juan. Juan está en el _____ .

10. No puedo ver al niño porque está _____ del árbol.

C. Use *tratar de* or *tener ganas de* plus an infinitive, together with the given expressions, to form sentences. Select the appropriate infinitive from the following list:

   comer   pasar   dormir   parecer   acompañar

   EJEMPLO: El perro / tratar de / árbol
   El perro trata de subir el árbol.

1. El elefante / tratar de / por la puerta

2. El niño / tener ganas de / en su cama

3. Los chicos / tener ganas de / dulces (*candies*)

   4. La niña / tratar de / mayor

5. El chico / tener ganas de / a sus amigos

D. Preguntas personales. Contesta:

1. ¿Tienes ganas de comer ahora?
2. ¿Tienes enemigos?
3. ¿Tratas de ayudar a tu mamá?
4. ¿A quién amas?

5

Los prisioneros

VOCABULARIO

fuerte	*strong*	**contra**	*against*
a causa de	*because of*	**tener miedo a**	*to be afraid*
querer decir	*to mean*		*of*
gustar	*to be pleasing*	**tener razón**	*to be right*
(Me gusta	*(I like the*	**correr**	*to run*
el libro.)	*book.)*	**mostrar (o, ue)**	*to show*
caer	*to fall*	**viajar**	*to travel*
caigo	*I fall*	**mal educado**	*ill-mannered*
el suelo	*the ground*	**tirar**	*to throw*
la cabeza	*head*	**otra vez**	*again*
enfrente	*in front*	**el dolor**	*pain*
	(opposite of	**bella**	*beautiful*
	detrás*)*	**el lado**	*side*
atacar	*to attack*	**ya no**	*no longer*
ayudar	*to help*		

En el camino, Don Quijote, Sancho y Alejandro ven a doce prisioneros. Son hombres
grandes y fuertes, pero no pueden escaparse
porque llevan cadenas en los pies. Con ellos
5 hay cuatro guardias. Don Quijote se acerca a
un guardia.

prisioneros
prisoners

la cadena *chain*

guardias *guards*
se acerca
approaches

Don Quijote: —¿Adónde van estos
hombres?

El guardia: —Van a la cárcel.

la cárcel *jail*

10 Don Quijote: —Ningún hombre debe ir
adonde no quiere ir. Estoy aquí para ayudar a
los desafortunados.

los desafortunados
*the unfortunate
ones*

El guardia: —Van a la cárcel a causa de sus crímenes.

los crímenes *crimes*

15 Don Quijote (a un prisionero): —¿Cuál es su crimen?

Primer prisionero: —Mi crimen es estar enamorado.

Don Quijote: —¡Estar enamorado! ¡Si estar
20 enamorado es un crimen, debo ir yo también a la cárcel! Estoy enamorado de mi Dulcinea.

estar enamorado *being in love*

Primer prisionero: —Pues, estoy enamorado de una canasta llena de ropa que no es mía. Por eso robé la canasta y me escapé con
25 ella.

una canasta llena de ropa *a basket full of laundry*
robé *I stole*
me escapé con ella *I ran away with it*

Don Quijote se acerca a otro prisionero.

se acerca a *approaches*

Don Quijote: —¿Cuál es su crimen?

Segundo prisionero: —Voy a la cárcel porque canto mucho.

30 Don Quijote: —¿Cantar es un crimen?

El guardia: —Cantar quiere decir confesar. Este hombre confesó su crimen bajo tortura.

confesar *to confess*

confesó bajo tortura *confessed under torture*

Don Quijote: —Estos hombres no son criminales. El uno está enamorado, y al otro le gusta
35 cantar. Voy a darles la libertad.

darles la libertad *to set them free*

Don Quijote ataca al guardia con su lanza. El guardia no puede defenderse a causa de la sorpresa, y se cae al suelo. Los otros tres guardias se acercan a Don Quijote con sus espadas
40 y van a atacarlo. Sancho y Alejandro tratan de ayudar a su amigo. Usan palos contra las espadas de los guardias. En este momento, los prisioneros pueden escaparse a causa de la confusión. Los guardias les tienen miedo a los pri-
45 sioneros y corren.

la lanza *lance, spear*
defenderse *to defend himself*
sorpresa *surprise*
caerse *to fall down*
el suelo *ground*
las espadas *swords*
los palos *sticks*

Ahora Don Quijote mira a los prisioneros.

Don Quijote: —Les doy la libertad en honor

a mi dama, Dulcinea del Toboso. Ahora Uds.
tienen que ir a visitar a mi amada Dulcinea.
50 Uds. deben mostrarle a ella las cadenas, y decirle lo que hice en honor de ella.

lo que hice *what I did*

　　Primer prisionero: —Ud. es un buen señor
y nuestro libertador. Pero es imposible hacer
lo que Ud. quiere. Si viajamos al Toboso con
55 estas cadenas, los guardias nos van a capturar.

el libertador *liberator*

　　Don Quijote: —¡Qué ingratitud! ¡Uds. son
gente baja y mal educada!

ingratitud *ingratitude*

　　Los prisioneros no son gente de mucha paciencia. Están furiosos a causa de los insultos
60 de Don Quijote. Empiezan a tirarles piedras a
Don Quijote y al pobre Rocinante. Otra vez
Sancho y Alejandro tratan de ayudar a su
amigo, pero ellos son tres solamente y los prisioneros son doce.

paciencia *patience*

piedras *rocks, stones*

65　　Por fin los prisioneros se van. Don Quijote,
Sancho y Alejandro están tristes.

　　Don Quijote: —Esos hombres no me dan las
gracias. ¡Qué gente más mal educada!

　　Don Quijote monta a Rocinante, y Sancho y
70 Alejandro montan al burro, y los tres van por
el camino. Llegan a una casita. Enfrente de la
casita, Alejandro ve a una labradora fea y mal
vestida.

camino *road*
casita *little house*
labradora *peasant girl, field worker*
mal vestida *poorly dressed*
mueve *he moves*

　　Don Quijote: —¡Ah! ¡Mi bella Dulcinea!
75　　Sancho mira a Alejandro. Mueve la cabeza
de un lado al otro.

　　Alejandro mira a la labradora. El anillo empieza a brillar. De repente Alejandro no ve a
la labradora. Ve a Dulcinea, la mujer más bella
80 del mundo. Ahora, Alejandro cree que Don
Quijote tiene razón.

　　Don Quijote quiere presentar Alejandro a

Dulcinea. Pero cuando mira hacia él, Alejan-   hacia *toward*
dro ya no está.

★   ★   ★   ★

85   Sra. Toledo: —Alejandro ¿Por qué no con-
testas? ¡Soy yo, tu madre! ¿Dónde has estado?   ¿Dónde has estado?
      Alejandro se encuentra al lado de sus padres   *Where have you*
enfrente de la estatua de don Quijote y Sancho.   *been?*
      Alejandro: —¡Ay, mamá! Si te lo digo, no
90 me lo vas a creer.

Ejercicios

A. Selecciona la respuesta correcta para completar la frase:

1. En el camino, Don Quijote, Sancho y Alejandro ven a doce
   a. elefantes.
   b. gitanos.
   c. hombres grandes y fuertes.
   d. alumnos.

2. Los hombres van a la cárcel porque son
   a. criminales.
   b. mal educados.
   c. soñadores.
   d. fuertes.

3. Don Quijote quiere
   a. acompañar a los hombres.
   b. ayudar a los hombres.
   c. ayudar a los guardias.
   d. atacar a los hombres.

4. Don Quijote da la libertad a los prisioneros en honor a
   a. la mujer que ama.
   b. un guardia.
   c. su mamá.
   d. Alejandro.

5. Don Quijote está enojado porque los hombres
   a. no lo invitan a su fiesta.
   b. lo insultan.
   c. no quieren visitar a Dulcinea.
   d. no van con los guardias.

6. Sancho y Alejandro tratan de ayudar a Don Quijote cuando
   a. Don Quijote se cae de Rocinante.
   b. Don Quijote está enfermo.
   c. los hombres se escapan.
   d. los hombres atacan a Don Quijote.

7. Por fin, Alejandro
   a. no puede ver a Dulcinea.
   b. ve a una Dulcinea bella, como Don Quijote la ve.
   c. ve solamente a una mujer fea.
   d. ve a la mujer de Sancho.

8. Alejandro ya no está con Don Quijote porque
   a. se va con los hombres.
   b. entra en la casa de Dulcinea.
   c. vuelve a la Plaza de España con sus padres.
   d. vuelve a México.

B. Completa la frase con la palabra apropiada del vocabulario:

1. Humpty Dumpty se _____ al suelo.
2. Después de comer veinte hamburguesas, Juanito tiene _____ de estómago.
3. «Detrás» es el contrario de _____.
4. Don Quijote cree que Dulcinea es muy _____.
5. La Sra. Gómez sale de su casa a las ocho. A las ocho y cinco ella _____ está en casa.

6. El perro está _____ de la casa.

7. El gato está _____ de la casa.

C. Busca a la derecha la palabra opuesta o antónimo de la palabra de la izquierda:

1. bella	a. detrás
2. atacar	b. el pie
3. viajar	c. levantarse
4. enfrente	d. ayudar
5. la cabeza	e. estar en casa
6. caer	f. fea

D. Contesta con el verbo *gustar*:

1. ¿Te gustan las películas de terror?
2. ¿A tus padres les gusta tu dormitorio?
3. ¿A Alejandro le gustan las aventuras?

4. ¿Al pez le gusta nadar?
5. ¿A Uds. les gustan las vacaciones?

E. Contesta:

1. ¿Siempre tienes razón?
2. ¿Les tienes miedo a las serpientes?
3. ¿A qué le tienes miedo?
4. Luis dice que 2 y 2 son 5. ¿Tiene razón?

6

La princesa Margarita

VOCABULARIO

mientras	*while*	**el rey**	*king*
pasar	*to spend time*	**la reina**	*queen*
		importar	*to matter; to be important*
almorzar (o, ue)	*to eat lunch*		
el museo	*museum*		
dentro	*inside*	**notar**	*to notice*
el cuadro	*painting*	**de ningún modo**	*no way*
pensar (e, ie)	*to think*	**el siglo**	*century*
la caja	*box*	**levantarse**	*to get up*
junto	*near; next to; together*	**la sala**	*room*
		el país	*country*

Alejandro, Miguel, Isabel y sus padres salen
de la Plaza de España. Mientras caminan al
Hotel Arosa, Alejandro les cuenta su aventura   les cuenta *tells them*
con Don Quijote. Alejandro tiene razón — no
5 lo creen. Otra vez sus hermanos se ríen de Ale-   se ríen de *laugh at*
jandro.

Vuelven al hotel, donde almuerzan y pasan
la hora de la siesta. A las cuatro y media, el Sr.
Toledo se levanta.

10   Sr. Toledo: —Quiero pasar esta tarde en el
Prado.

Alejandro: —¿Qué es el Prado, papá?

Sr. Toledo: —El Prado es un museo magnífico. El mejor del mundo.

15   La familia Toledo sale del hotel y anda por
La Gran Vía. Todos bajan al metro, el tren

subterráneo de Madrid. Salen de la estación
del metro, que está cerca del museo. Pronto
llegan al Prado. Enfrente hay una estatua
20 enorme de un hombre sentado en una silla.
Es Diego Velázquez, gran artista español.

subterráneo
underground

sentado *seated*
la silla *chair*

Ya dentro del museo entran en una sala que
sólo tiene un cuadro enorme.

el cuadro *painting*

Sr. Toledo: —Este cuadro se llama «Las
25 Meninas»*. Lo pintó Diego Velázquez, artista
español del siglo diecisiete. El artista se pintó
a sí mismo, pintando. Es como un cuadro dentro de un cuadro.

menina *young lady-
in-waiting*
pintó *painted*
pintando *painting*

Alejandro piensa en la caja de su cereal fa-
30 vorito. En la caja se ve un chico que come cereal de una caja. Y en la caja hay un chico que
come cereal de la caja. Y en la cajita hay otra
cajita, etc. . . .

A la derecha del artista hay un grupo de ni-
35 ños. En el centro hay una niña que lleva un
vestido blanco muy elegante. Alejandro piensa
que ésa es la niña más bonita del mundo.

a la derecha *to the
right*

Mientras Alejandro mira a la niña, otra vez
su anillo empieza a brillar. La sala parece tem-
40 blar. ¡De repente Alejandro se encuentra dentro del cuadro, junto a la niña!

temblar *to tremble*

La niña, que se llama Margarita, mira a Alejandro con gran sorpresa.

la sorpresa *surprise*

Margarita: —¡Qué chico más extraño!
45 ¿Quién eres y qué haces aquí?

Alejandro: —Soy Alejandro. ¿Dónde estoy?

Margarita: —¡Qué tonto! Estás en el Alcázar, donde viven los reyes. Aquel hombre es

tonto *silly; foolish*

---

*"**Las Meninas**," also known as "The Family of Philip IV" or "The Maids of Honor."
The picture, by Diego Velázquez, shows the artist painting a portrait of Princess Margarita, who is accompanied by her attendants.

don Diego Velázquez. Don Diego es un gran
50 artista. Pinta un cuadro de mis padres.

Alejandro: —¿Tus padres?

Margarita: —Sí, mis padres — el rey Felipe
IV y la reina Mariana. ¿No sabes nada?

Alejandro: —Pues entonces . . . Ud. es . . .

55 Margarita: —La princesa Margarita. Debes
bajar la cabeza.

Alejandro: —¿Por qué?

Margarita: —Porque eres más alto que yo.

Alejandro: —¿Y eso qué importa?

60 Margarita: —Nadie puede tener la cabeza
más alta que un rey o una princesa. Es una
falta de respeto. ¿No ves que todos mis sirvientes son enanos?

Alejandro: —Ud. vive en un país muy for-
65 mal. Es muy diferente de mi país. Nosotros no
tenemos que bajar la cabeza ante nadie.

Margarita: —Eres fascinante. Me gusta hablar contigo. Puedes tutearme.

Alejandro: —Ud. . . . Tú eres muy simpá-
70 tica.

Margarita: —Tú tambien. ¿De dónde eres?

Alejandro: —Soy de México.

Margarita: —¡México! Mi papá es rey de
México también. México es una colonia de Es-
75 paña.

Alejandro: —¡De ningún modo! México es
un país independiente desde 1821!

Margarita: —Pero estamos ahora en el año
1656.

80 Alejandro: —¡Yo vivo en el siglo veinte!

Margarita: —¡Qué extraño!

Mientras hablan, el enano le da una patada
al perro. El perro se levanta y corre fuera de

Margin glosses:

Pues entonces *Well then*

¿Y eso qué importa? *So what?*

la falta *lack*
enano *dwarf*

ante *in front of*

contigo *with you*
tutearme *call me "tú" instead of "Ud."*

¡De ningún modo! *No way!*
desde *since*

le da una patada *gives him a kick*

la sala. Margarita y Alejandro corren tras el   tras *after*
85 perro.

En este momento, en el Prado, en el siglo
veinte, la princesa Margarita y su perro están
ausentes del famoso cuadro «Las Meninas».   ausentes *absent, missing*

Al mismo tiempo, los padres de Alejandro
90 notan que él no está en la sala con ellos.

Sr. Toledo: —¿Dónde está Alejandro?

Miguel: —No sé, papá.

Isabel: —¡Eso es típico de Alejandro!
Siempre se desaparece.   se desaparece *he vanishes, disappears*

Ejercicios

A. Verdadero o falso. Si es verdadero, di «verdadero». Si es falso, da la respuesta correcta:

1. En Madrid, mucha gente va al Prado a comer.
2. Alejandro y su familia van al Prado en bicicleta.
3. Enfrente del Prado hay una estatua del rey de España.
4. «Las Meninas» es un cuadro muy grande.
5. Margarita sale del cuadro y habla con Alejandro.
6. Todo el mundo respeta a Margarita.
7. A Margarita le gusta Alejandro.

B. Selecciona la respuesta correcta para completar la frase:

1. Diego Velázquez es
   a. poeta.
   b. rey.
   c. artista.
   d. jugador de béisbol.

2. Margarita es
   a. gitana.
   b. la hermana de Diego Velázquez.
   c. una niña mexicana.
   d. la hija del rey.

3. Margarita y Alejandro corren fuera de la sala
   a. porque ven un perro.
   b. porque ven un elefante.
   c. porque ven al rey.
   d. porque tienen miedo.

4. A Margarita Alejandro le parece
   a. feo.
   b. tonto.
   c. muy joven.
   d. simpático y extraño.

5. Margarita le dice a Alejandro: —Puedes tutearme. «Tutear» quiere decir
   a. emplear «tú».
   b. acompañar.
   c. creer.
   d. hablar.

6. Hoy México es
   a. una ciudad de Europa.
   b. un país independiente.
   c. una colonia de España.
   d. la capital de España.

C. Busca a la derecha el sinónimo de la expresión de la izquierda:

1. el siglo	a. comer la segunda comida del día
2. el país	b. no es una mentira
3. almorzar	c. parte del cuerpo de una persona
4. la sala	d. la nación
5. verdad	e. cien años
6. la cabeza	f. parte de una casa

D. Completa la frase con la palabra apropiada del vocabulario:

1. Me gusta _____ mucho tiempo con mis amigos.
2. El Canadá es un país _____ a los Estados Unidos.
3. ¿Qué _____ del cuadro «Las Meninas»?
4. No quiero hacer un examen mañana. ¡De _____ modo!

    5. A mi hermano le gusta dormir. Siempre se _____ tarde los sá-
bados.

    6. Quiero saber que hay dentro de la _____. Voy a abrirla.

    7. _____ estoy en Madrid, siempre visito el Prado.

**E. Use indirect object pronouns with *gustar*, *faltar*, *parecer*,
and *importar* to answer the following questions:**

    1. ¿Qué le falta al monstruo?

    2. ¿Te parece real el monstruo?

    3. Es el último juego de la Serie Mundial (*World Series*) de Béisbol.
¿A los jugadores les importa ganar el juego?

    4. ¿Te importa mucho el amor?

    5. ¿A tus padres les importa el estado de tu dormitorio?

    6. ¿Te gusta dormir en el suelo? ¿Te importa tener una cama?

    7. ¿Te importa aprender? ¿O sólo te importan las notas?

7

En el jardín

VOCABULARIO

el jardín	*garden*	**solo**	*alone; lonely*
los ojos	*eyes*	**sin**	*without*
el pelo	*hair*	**la vida**	*life*
rubio	*blond*	**divertido**	*fun; funny*
llevar	*to wear*	**casarse**	*to marry*
la falda	*skirt*	**el amor**	*love*
sentarse (e, ie)	*to sit down*	**irse**	*to leave; to go away*
sólo	*only*	**quitarse**	*to take off*
raro	*strange; unusual*		

El perro corre fuera de la sala. Alejandro y Margarita corren también. Se encuentran ahora en un bello jardín. Pero Alejandro no se fija en el jardín. Sólo mira a la niña, a la bella
5 Margarita. Margarita le parece bonita. Tiene los ojos azules y el pelo rubio. Lleva un vestido muy elegante. ¿Cómo no? Margarita es una princesa.

¿Cómo no? *Of course!; Why not!*

Los dos chicos se sientan en un banco y em-
10 piezan a hablar.

banco *bench*

Margarita: —¡Qué raro! ¡Estoy sola contigo! Nunca estoy sin mis meninas y sirvientas.

sirvientas *servants*

Alejandro: —En mi casa no tenemos sirvientes.

15 Margarita: —¡Imagínate! ¿Qué hacen los niños del siglo veinte?

¡Imagínate! *Imagine that!*

Alejandro: —Jugamos con videojuegos o miramos la televisión.

videojuegos *video games*

Margarita: —¿Videojuegos?,   ¿televisión?
20 ¿Qué son esas cosas?

Alejandro: —¡Ay, Dios mío! ¿Uds. no
tienen televisión? ¿No tienen videojuegos?

Margarita: —No, chico. Por eso te pregunto
qué son.

25 Alejandro: —La televisión es una caja. Hay
una ventana en la caja. En la ventana se ven
personas que cantan o que se mueven.

Margarita: —¡No lo creo! ¡Es mágico!

Alejandro: —¿Qué hacen los niños del siglo
30 diecisiete?

Margarita: —Jugamos con muñecas o con
títeres.

Alejandro: —¡Qué diferentes son nuestras
vidas? ¿Es divertido ser princesa? ¿Te gusta?

35 Margarita: —Pues, es una vida muy abu-
rrida. Nunca estoy sola con mis padres.
Siempre estamos con muchos sirvientes y gente
de la corte. Nunca puedo jugar con otros niños. Siempre tengo que llevar vestidos ele-
40 gantes. Y a la edad de quince años, tengo que
casarme con mi primo, Leopoldo de Austria.

Alejandro: —¿Ya sabes con quién vas a casarte?

Margarita: —¿Cómo no? Mis padres me
45 prometieron a Leopoldo cuando nací. ¿Tú no
sabes con quién vas a casarte?

Alejandro: —¡De ningún modo! Algun día
voy a casarme con una mujer de quien voy a
estar enamorado. ¡Voy a casarme por amor!

50 Margarita: —¡Por amor! ¡Qué idea más extraña! Me gusta esa idea.

En este momento el anillo de Alejandro empieza a brillar.

se mueven *move around*

muñecas *dolls*
títeres *puppets*

aburrido *boring*
gente de la corte *people of the court*

la edad *the age*

me prometieron *promised me*
nací *I was born*

enamorado *in love*

Alejandro: —Tengo que irme.

55 Margarita: —¡No! ¡Eres mi único amigo! Quiero darte algo como recuerdo.

> recuerdo *souvenir; remembrance*

Margarita lleva unas flores en el pelo. Se las quita del pelo y se las da a Alejandro.

Margarita: —Estas flores son un recuerdo de

60 nuestra amistad.

> amistad *friendship*

Alejandro: —Voy a guardarlas para siempre, como un recuerdo tuyo. No te olvido.

> guardarlas *to keep them*
> no te olvido *I won't forget you*

El anillo brilla. Alejandro se encuentra otra vez con sus padres. Margarita se encuentra otra

65 vez en la sala con don Diego Velázquez.

En el Prado, Margarita y el perro están otra vez dentro del cuadro «Las Meninas». Pero hay algo extraño. A Margarita le falta algo. La infanta Margarita que está en el cuadro ya no

70 tiene las flores en el pelo. Los expertos de arte no pueden explicar qué les pasó a estas flores.

> pasó *happened*

Eso va a ser un misterio para siempre — un misterio para todos menos para un joven mexicano que se llama Alejandro.

> misterio *mystery*
> menos *except*

Ejercicios

A. Contesta en español:

1. ¿Dónde están Alejandro y Margarita?
2. Describe a Margarita. ¿Cómo es ella?
3. ¿Qué diferencias hay entre la vida de Alejandro y la vida de Margarita?
4. ¿A Margarita le parece extraña la idea de la televisión?
5. ¿Te parece extraña la vida sin televisión?
6. Ahora Alejandro y Margarita son amigos. ¿A Margarita le faltan otros amigos?

7. ¿Quién es Leopoldo de Austria?
8. ¿A Alejandro le importa el amor?
9. ¿Qué le da Margarita a Alejandro?
10. Al final del capítulo, ¿dónde está Alejandro otra vez?
11. Margarita está otra vez dentro del cuadro «Las Meninas». ¿Qué le falta a Margarita ahora?
12. ¿Quién es la única persona que sabe dónde están las flores?

B. Crucigrama:*

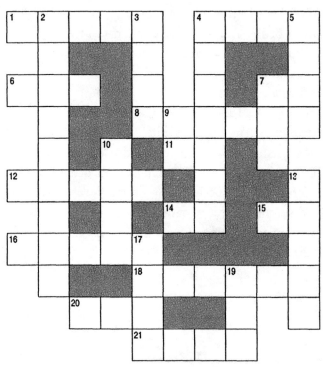

HORIZONTAL

1. Tengo 15 años. Mi hermano tiene 10 años. Soy _____ que mi hermano.
4. Yo no pierdo el juego, yo _____ el juego.
6. Yo le _____ un regalo a mi papá.
7. Luis _____ levanta temprano.
8. Nosotros _____ a nuestros padres.

*In crossword puzzles, accents are often omitted on capital letters.

11. Alejandro y su familia entran _____ el museo.
12. Quiero dormir. No tengo _____ de trabajar más.
14. Miguel _____ el hermano de Alejandro.
15. Tú _____ sientas cerca de tu amigo.
16. Voy a _____ el regalo de la caja.
18. El rey lleva un _____ en el dedo.
20. Este hombre dice cosas terribles. No quiero _____ más.
21. Yo _____ un grito en la calle.

VERTICAL

2. Voy a _____ a mi amigo al cine.
3. Margarita lleva _____ elegante.
4. Graciela y su mamá son _____ .
5. Tú _____ la música.
7. Yo _____ inteligente.
9. Yo _____ levanto temprano.
10. Duermo en una _____ .
13. La mano tiene diez _____ .
17. Un sinónimo de extraño es _____ .
19. Yo _____ «La Gran Aventura de Alejandro».

**C. Busca en la izquierda el sinónimo o significado de la
   expresión de la derecha:**

1. solo	a. el opuesto de levantarse
2. el pelo	b. extraño
3. la falda	c. único
4. los ojos	d. el opuesto de con
5. raro	e. el opuesto de triste
6. divertido	f. se usan para ver
7. sentarse	g. lo que cubre la cabeza
8. sin	h. las chicas llevan esta cosa

D. Answer the following questions. Use *levantarse, quitarse, sentarse, casarse,* and *irse* with the appropriate reflexive pronouns:

1. ¿En qué mes se casa mucha gente?
2. ¿A qué hora te levantas los sábados?
3. ¿Se sientan Uds. cerca del profesor?
4. ¿Cuando hace calor, te quitas la chaqueta?
5. ¿Quién se sienta al lado de Miss Muffett?
6. ¿Te vas ahora?

La araña

E. Composición: Ya no existe la televisión. No hay televisión en el mundo. Imagínate cómo es la vida. Describe la vida sin televisión. ¿Qué haces durante un día típico?

8

Con Lazarillo

VOCABULARIO

el sueño	dream	ciego	blind, blind
¡Basta!	Enough!		man
la mano	hand	tener hambre	to be hungry
el bolsillo	pocket	tener sed	to be thirsty
más o menos	more or less	beber	to drink
delgado	slim	golpear	to hit, to beat
la ropa	clothes	pronto	soon, right
sucio	dirty		away
la cara	face	estrecho	narrow
tener suerte	to be lucky	saltar	to jump
a veces	at times	tratar	to treat
pedir (e, i)	to ask for, to	romper	to break
	beg	gritar	to shout

Sra. Toledo: —¡Alejandro! ¿Dónde has estado?

Alejandro: —Dentro del cuadro, mamá. Con la infanta Margarita.

infanta *infanta, princess*

5   Miguel: —¡Qué tonto eres! Vives soñando.

soñando *dreaming*

Sra. Toledo: —¡No, Miguel! Es que tu hermano tiene una gran imaginación.

Miguel: —¡Tonto!

Alejandro: —¡Tú eres el tonto!

10   Sr. Toledo: —¡Basta, niños! Ya es la hora de almuerzo. ¡Vamos!

Nadie ve las florecitas que Alejandro tiene en la mano. Alejandro las pone en su bolsillo.

43

—Estas flores son un secreto entre Margarita
15 y yo —piensa Alejandro.

La familia Toledo sale del Museo del Prado
y pasa por el Paseo del Prado. Buscan un restaurante donde almorzar. En la calle ven un
puesto de libros. El Sr. Toledo quiere pasar
20 unos minutos en este puesto. Busca una novela
de Camilo José Cela, Premio Nobel de Literatura de 1990.

A Alejandro le gustan los libros viejos, los
que huelen a viejo. Encuentra un libro chi-
25 quito y antiguo. Se llama «El Lazarillo de
Tormes» y es del año 1554. Mientras Alejandro lo tiene en la mano, su anillo empieza a
brillar. Alejandro se encuentra en una calle os-
cura y estrecha. Al lado de Alejandro hay un
30 chico. El chico tiene trece años, más o menos,
como Alejandro. El chico es delgado y lleva
ropa vieja y sucia, pero tiene la cara muy simpática. Le dice a Alejandro: —Soy Lazarillo de
Tormes. ¿Quién eres?

35 Alejandro: —Me llamo Alejandro Toledo.
Mucho gusto.

Lazarillo: —Encantado. ¿Qué haces aquí?

Alejandro: —Soy mexicano, pero estoy en
España con mis padres.

40 Lazarillo: —¡Tienes padres! ¡Qué suerte
tienes! Yo soy huérfano.

Alejandro: —Sí. Normalmente no pienso en
la suerte que tengo. Tienes razón. Pero si no
tienes padres, ¿dónde vives?, ¿con quién?,
45 ¿cómo vives?

Lazarillo: —¡Haces muchas preguntas! A
veces vivo en las calles. Soy un pícaro.

Alejandro: —¿Qué es un pícaro?

puesto de libros
bookseller's stand

premio *prize*

los que huelen a
viejo *the ones that
smell old*

oscuro *dark*

huérfano *orphan*

suerte *luck*

Lazarillo: —Es un chico que vive en las
50 calles y a veces roba. Ésa es mi vida.   roba *steals*
Muchas veces le pido comida a la gente en
las calles.
Alejandro: —¡Oh! Un pícaro es como Anita
la Huerfanita y Oliverio Twist.
55 Lazarillo: —¿Quiénes?
Alejandro: —Anita la Huerfanita y Oliverio
Twist son pícaros de cuentos de ficción. Pero
en el siglo veinte, donde vivo, hay muchos pícaros en las calles de las grandes ciudades.
60 Lazarillo: —No vivo siempre en las calles.
Durante unas semanas trabajé para un ciego,   trabajé *I worked*
como guía. El ciego es un hombre muy cruel.   guía *guide*
Me trata muy mal. No me da de comer ni de
beber. Siempre tengo hambre y sed. Y el ciego
65 me golpea mucho. Un día tengo sed y quiero
beber del jarro del ciego. Hago un agujero pe-   jarro *jug*
queño en el fondo del jarro. El ciego no sabe   agujero *hole*
                                                  fondo *bottom*
que yo bebo también. Pero cuando de pronto
no hay nada en el jarro, el ciego sabe lo que
70 pasa. Me golpea en la cara con el jarro y me
rompe el jarro en la cabeza. Siento mucho do-   siento *I feel*
lor.
Alejandro: —¡Ay! Pobrecito.
Lazarillo: —Pero yo le pago la crueldad al
75 ciego.
Alejandro: —¿Cómo?
Lazarillo: —Un día el ciego quiere cruzar un   cruzar *to cross*
arroyo. Me pide que le muestre el punto más   arroyo *stream*
estrecho del arroyo. Quiere saltar el arroyo en   me pide que le
                                                   muestre *he asks*
80 aquel punto. Pongo al ciego frente a un poste   *me to show him*
de piedra. Le digo que es el punto perfecto   poste de piedra
para saltar. El ciego corre y choca con el poste.   *stone post*
Se cae inconsciente. Yo lo dejo allí y me voy.   choca con *crashes*
                                                     into
                                                 Se cae inconsciente.
                                                 He falls down unconscious.
                                                 lo dejo allí *I leave him there*

Alejandro: —¿Y ahora con quién vives?

85 Lazarillo: —Ahora trabajo para un hidalgo   hidalgo *nobleman*
muy pobre. No puede ni pagarme ni darme
comida. No hay nada de comer en su casa. Pero
es muy simpático. Por eso pido comida en las
calles y le llevo la comida a mi señor.

90 Alejandro: —¡Qué bueno eres, Lazarillo!
Lazarillo: —Le llevo comida ahora, porque
no hay comida en casa. ¿Quieres venir con-
migo? Puedes conocer a mi señor. ¿Tienes   conmigo *with me*
hambre? Puedes comer con nosotros.

95 Alejandro: —Sí. ¡Con mucho gusto!
En este momento Alejandro y Lazarillo ven
a un grupo de personas que viene por la calle.
Todos llevan ropa negra. Todos gritan y lloran.

Ejercicios

A. Verdadero o falso. Si es verdadero, di «verdadero». Si es falso, da la respuesta correcta:

1. Miguel dice que Alejandro es muy inteligente.
2. Alejandro le muestra las flores a su mamá.
3. El señor Toledo quiere comprar un libro.
4. Alejandro entra en la novela «El Lazarillo de Tormes».
5. Lazarillo es un chico muy rico.
6. Lazarillo cree que Alejandro tiene suerte porque tiene padres.
7. El ciego es un hombre simpático y trata muy bien a Lazarillo.
8. Alejandro invita a Lazarillo a comer con él.

B. Identifica en español:

1. un pícaro
2. «El Lazarillo de Tormes»

3. un ciego
4. el almuerzo
5. un huérfano

C. Completa la frase con una palabra apropiada del vocabulario:

1. No quiero comer porque no tengo _____.
2. El niño tiene muchas cosas en el _____ de los pantalones.
3. Después de comer diez hamburguesas, el hombre dice:— ¡_____! No puedo comer más.
4. Una princesa lleva _____ muy elegante.
5. Hace mucho calor. Tengo sed y quiero _____ agua.
6. Estás enojado. Pero no debes _____ a tu hermano pequeño.
7. Cuando el niño duerme, tiene _____ bonitos.
8. En la ciudad muchos niños pobres tienen que _____ dinero en la calle.
9. Los ojos son parte de la _____ de una persona.
10. No sé exactamente cuántos años tiene el señor García, pero creo que tiene más o _____ veinte años.

D. Busca a la derecha el significado o sinónimo de la palabra de la izquierda:

1. sucio
2. la mano
3. pronto
4. gritar
5. romper

a. hablar en voz alta
b. el opuesto de limpio
c. destruir
d. en seguida
e. parte del cuerpo con cinco dedos

E. Completa las oraciones con la forma correcta de una expresión apropiada de la lista siguiente:

tener hambre   tener razón   tener suerte
tener miedo   tener sed

1. Yo _____ porque tengo una familia y amigos que me quieren.

2. No hay ningún refresco aquí, y nosotros _____.
3. El gorila _____ y come muchas bananas.
4. Mi padre es muy inteligente — él siempre _____.
5. Después de ver una película de terror, yo _____ de estar solo en casa.

F. Completa las frases:

1. Tengo suerte porque _____.
2. En el cine los chicos gritan porque _____.
3. El chico salta porque _____.
4. Siempre tengo hambre cuando _____.

9

La casa donde nunca comen ni beben

VOCABULARIO

dejar	*to let, to allow*	**querido**	*dear, beloved*
abierto	*open*	**el oído**	*ear*
muerto	*dead*	**el pan**	*bread*
el muerto	*dead man/ person*	**la carne**	*meat*
		el postre	*dessert*
el esposo	*husband*	**rico**	*rich, delicious*
la viuda	*widow*	**la bondad**	*goodness*

Lazarillo y Alejandro se echan a un lado para dejar pasar al grupo. En el centro del grupo hay seis hombres. Los hombres llevan un ataúd abierto. Dentro del ataúd hay un muerto. Al 5 lado del ataúd, hay una mujer que llora y grita: —¡Ay, mi esposo! ¿Adónde lo llevan? Lo llevan a una casa donde nunca comen ni beben.

Cuando Lazarillo oye esto, tiene mucho 10 miedo.

Lazarillo: —¡Ay, Dios mío! Llevan a ese muerto a la casa de mi señor.

Alejandro: —No, Lazarillo. Creo que «la casa donde nunca comen ni beben» es el ce- 15 menterio.

Lazarillo: —No, Alejandro. ¿No oyes? La casa donde nunca comen ni beben. En la casa

se echan a un lado they move aside

ataúd abierto open coffin

cementerio cemetery

de mi señor no hay comida. ¡Lo llevan a la casa
de mi señor!

20   Lazarillo empieza a correr. Alejandro corre
también. Corren a la casa del señor de Lazarillo y entran.

Lazarillo: —¡Oh, mi buen señor! Traen un
muerto a esta casa.

25   El señor: —¿Cómo?

Lazarillo: —La viuda del muerto dice que lo
llevan a una casa donde nunca comen ni beben. Lo traen aquí!

El señor: —No, Lazarillo. No te preocupes.

30   El señor se ríe mucho del error de Lazarillo.
Lazarillo y Alejandro se ríen también.

El señor: —Lazarillo, ¿quién es tu amigo?

Lazarillo: —¡Oh! Me olvido. Quiero presen-
tarle a mi amigo Alejandro.

35   El señor: —Mucho gusto, Alejandro. Bienvenido.

Alejandro: —Encantado.

Lazarillo: —Traigo comida para nosotros
tres.

40   El señor: —Ustedes pueden comer. Yo ya
he comido.

Lazarillo (le dice a Alejandro al oído): —Mi
señor siempre dice que ya ha comido. Es que
tiene mucho amor propio. No quiere admitir

45 que tiene hambre y no tiene comida.

Lazarillo (al señor): —Pero, por favor, señor.
¿No puede Ud. comer con nosotros, sólo para
acompañarnos?

El señor: —Pues . . . sí, para acompañarles

50 a Uds.

Los tres empiezan a comer con mucho gusto.
Comen unos pedazos de pan y carne que trae

No te preocupes.
Don't worry.
se ríe *laughs*

Yo ya he comido. *I
have already eaten.*

oído *ear*

ya ha comido *he
has already eaten*
amor propio *pride,
self-esteem*

pedazos *pieces*

Lazarillo. A los tres les gusta la comida. Pero les falta algo. Les falta el postre.

55 Alejandro pone la mano en el bolsillo. Encuentra tres pedazos de chocolate. Le da un pedazo a Lazarillo y un pedazo al señor.

Lazarillo: —¡Qué rico!

El señor: —¡Delicioso! ¡Me gusta muchí-
60 simo!

En ese momento el anillo empieza a brillar.

Alejandro: —Adiós, mis amigos.

Lazarillo: —¿Adónde vas, Alejandro? . . .

Pero antes de terminar la pregunta, Alejan-
65 dro ya no está allí. Alejandro se encuentra otra vez en el puesto de libros con sus padres. Tiene la novela «El Lazarillo de Tormes» en las manos.

Alejandro: —¿Puedo comprar este libro,
70 mamá?

Sra. Toledo: —Sí, mi amor.

Alejandro va a leer «El Lazarillo de Tormes». No quiere olvidar nunca a su amigo Lazarillo — un amigo que tiene el corazón
75 lleno de bondad.

Ejercicios

A. Selecciona la respuesta correcta para completar la frase:

1. Alejandro y Lazarillo ven a seis hombres que llevan
   a. a un hombre muerto.
   b. una comida muy rica.
   c. al señor de Lazarillo.
   d. a la esposa del hombre muerto.

2. La viuda llora porque
   a. tiene hambre.
   b. su esposo está muerto.
   c. le tiene miedo a Lazarillo.
   d. no le gusta la ropa negra.

3. Lazarillo cree que «la casa donde nunca comen ni beben» es
   a. el cementerio.
   b. un restaurante.
   c. la casa de su señor.
   d. la escuela.

4. Alejandro cree que «la casa donde nunca comen ni beben» es
   a. la casa del señor de Lazarillo.
   b. un museo.
   c. un cementerio.
   d. su casa.

5. La verdad es que
   a. Alejandro tiene razón.
   b. Lazarillo tiene razón.
   c. Los dos tienen razón.
   d. ni Alejandro ni Lazarillo tienen razón.

6. A causa de su orgullo (*pride*), el señor
   a. come mucho.
   b. no tiene ganas de comer.
   c. no come mucho.
   d. no quiere aceptar la comida que trae Lazarillo.

7. La única cosa que no es parte de la personalidad del señor es
   a. la crueldad.
   b. la bondad.
   c. el orgullo.
   d. el sentido del humor.

8. Lazarillo trae toda la comida menos
   a. la carne.
   b. el pan.
   c. carne y pan.
   d. el postre.

9. Lazarillo le parece muy bueno a Alejandro porque Lazarillo ayuda a
   a. la esposa del muerto.
   b. los hombres que llevan al muerto.
   c. su señor.
   d. Alejandro.

10. Al fin, Alejandro quiere comprar la novela «El Lazarillo de Tormes» porque
    a. a él le gustan las novelas modernas.
    b. conoce al héroe de la novela.
    c. quiere aprender más sobre el río Tormes.
    d. a Alejandro le falta un libro para leer.

B. The following three words are related in sound and meaning to three verbs you already know: ¿Cuáles son estos verbos? ¿Qué quieren decir en inglés?

> EXAMPLE: comida   comer   *to eat*

1. querido   2. oído   3. abierto

C. Completa la frase con la palabra apropiada del vocabulario:

1. El padre de Alejandro es el _____ de su madre.
2. A mi amiga sólo le gustan las verduras. Ella no come _____.
3. Don Quijote quiere mucho a Dulcinea. Dulcinea es la _____ de don Quijote.
4. No puedo entrar en la casa porque la puerta no está _____.
5. La Madre Teresa ayuda a los pobres. Ella es famosa a causa de su _____.
6. Para hacer un bocadillo (un «sandwich»), pongo la carne entre dos pedazos de _____.

D. Contesta en español con frases completas:

1. ¿Quién te trae regalos de cumpleaños?
2. ¿Cómo se llama el esposo de una reina?
3. ¿Tus padres te dejan pasar la noche en la casa de tu amigo/amiga?
4. ¿Qué te gusta comer, la carne o el postre?
5. Según tu opinión, ¿cuál es el postre más rico del mundo?

E. Pasatiempo. Hay seis palabras acerca del cuerpo humano. Búscalas en dirección vertical y horizontal:

A	M	O	P	A	J
C	A	B	E	Z	A
A	N	O	L	E	R
R	O	Í	O	J	O
A	L	D	E	A	N
T	A	O	I	N	A

10

El Rastro

VOCABULARIO

por fin	*finally*	**el abuelo**	*grandfather*
tranquilo	*calm, tranquil*	**la máquina**	*machine*
mil	*a thousand*	**los muebles**	*furniture*
miles	*thousands*	**la ropa**	*clothes*
cada	*each*	**varios**	*assorted*
el puesto	*booth*	**enojado**	*angry*
ya	*already*	**joven**	*young*
ya no	*no longer*	**el joven**	*young man*
el juguete	*toy*	**la joven**	*young woman*

El domingo, la familia Toledo se levanta temprano para ir a misa a la iglesia que está cerca del hotel.

misa *mass*

Alejandro trata de pensar en la misa. Trata
5 de sentarse tranquilo en la iglesia. Pero no puede. Sólo piensa en la aventura que va a tener después de la misa. La familia va a visitar El Rastro. El Rastro es un mercado al aire libre donde venden objetos de segunda mano. Es el
10 «mercado de las pulgas» o «pulguero» más grande del mundo. Alejandro está contento porque piensa en las cosas, en los cachivaches, que va a comprar.

mercado al aire libre *open-air market*
objetos de segunda mano *second-hand things*
mercado de las pulgas = pulguero *flea market*
cachivaches *junk*

La misa parece ser muy larga. Por fin se ter-
15 mina. Los Toledo salen de la iglesia. Van por la calle Mayor. Pasan la Puerta del Sol y la Plaza Mayor. Por fin llegan a El Rastro.

Hay miles de personas. El mercado está lleno

miles *thousands*

de gente. Todos buscan una ganga. (Una ganga   ganga *bargain*
20 es algo que se puede comprar por poco dinero).
En El Rastro hay de todo. En cada puesto se
venden cosas diferentes. Hay juguetes de
cuando el abuelo de Alejandro era un niño.
Hay libros viejos, máquinas, muebles, ropa —   máquinas *machines*
25 cachivaches de toda clase.

Isabel: —Alejandro, El Rastro es como tu
dormitorio.

Todos se ríen. Alejandro se ríe también.   se ríen *laugh*

Cada miembro de la familia va a un puesto
30 diferente. Miguel encuentra unos recuerdos de   recuerdos *souvenirs*
la Copa Mundial de Fútbol de Madrid de   Copa Mundial de
1982. Isabel encuentra una caja de lápices de   Fútbol *World*
colores. Alejandro compra unas historietas del   *Soccer Cup*
                                                    historietas *comic*
«Ratón Miguelito» y del «Pato Donald».   *books*
                                                    el ratón Miguelito
35 En otro puesto, Alejandro ve varias cosas de   *Mickey Mouse*
metal, muy viejas. Levanta en la mano una   el pato Donald
cosa.   *Donald Duck*

El vendedor le pregunta a Alejandro: vendedor *seller*
— ¿Sabes qué son?

40 Alejandro: —Son manillas viejas, ¿no?   manillas *handcuffs*

El vendedor: —Sí, tienes razón. Son manillas del siglo once. También se llaman «esposas».

El vendedor se ríe.

45 En este momento Isabel pasa cerca del
puesto y oye lo que dice el vendedor.

Isabel: —¡Qué sexista! ¡Llamar a las manillas «esposas»!

Isabel se va, muy enojada. El vendedor se ríe
50 otra vez.

Alejandro está también muy enojado. Quiere
decirle algo al vendedor. Quiere defender a su
hermana del insulto del vendedor.

Alejandro: —¡Ella tiene razón, bruto!   bruto *stupid*

55 En este momento, Alejandro, que todavía   todavía *still*
tiene las manillas en la mano, mira la cara del
vendedor. De repente el anillo brilla.

Alejandro se encuentra frente a otra cara —   frente a *in front of*
la cara de un joven guapo. El joven llora. Las
60 esposas ya no están en la mano de Alejandro.
Están alrededor de las muñecas del joven. Ale-   alrededor *around*
jandro ya no está en El Rastro. Está con el   muñecas *wrists*
joven en un cuarto pequeño y sucio.

Ejercicios

A. Verdadero o falso. Si es verdadero, di «verdadero». Si es falso, da la respuesta correcta:

1. Alejandro se sienta tranquilo en la iglesia.
2. En El Rastro hay mucha gente.
3. En El Rastro sólo se vende ropa.
4. A Miguel le interesa el fútbol.
5. El vendedor le parece simpático a Alejandro.
6. Alejandro insulta a Isabel.
7. A Isabel le gusta el vendedor.
8. Alejandro se encuentra con un joven.
9. El joven está contento.
10. El joven no puede separar las manos.

B. Selecciona la respuesta para completar la frase:

1. Alejandro tiene ganas de
   a. ir a la iglesia.
   b. volver a México en seguida.
   c. ir a El Rastro.
   d. ver la Puerta del Sol.

2. En El Rastro
   a. se venden varias cosas.
   b. hay muchos animales.
   c. se ven muchas películas.
   d. hay restaurantes elegantes.

3. A Isabel le parece que El Rastro es como el dormitorio de Alejandro porque
   a. allí hay mucha gente.
   b. está muy desordenado, hay cosas por todas partes.
   c. está limpio.
   d. se venden varias cosas.

4. Isabel está enojada porque
   a. Alejandro la insulta.
   b. no puede comprar lo que quiere.
   c. el vendedor es sexista.
   d. no le gusta El Rastro.

5. Alejandro va de El Rastro al cuarto sucio
   a. a causa de su anillo mágico.
   b. a causa del vendedor.
   c. porque está enojado.
   d. porque tiene miedo.

C. Completa la frase con la palabra del vocabulario apropiada:

1. En la película de terror hay un insecto muy largo. Tiene _____ patas (*legs*).
2. _____ persona tiene sus problemas.
3. Mi padre es el _____ de mis hijos.
4. ¡Basta _____! es una expresión muy común.
5. Un automóvil es una _____ muy fuerte.
6. El niño rompe muchas cosas en la casa. Su mamá está muy _____.
7. Al niño le gusta jugar con sus _____ nuevos.
8. En el jardín hay flores de _____ colores.
9. En esa casa hay muchas sillas, camas y mesas; hay tantos _____ que es difícil andar por la casa.
10. La bella modelo tiene gran fama por llevar _____ elegante.

D. Contesta en español con una frase completa:

1. Estás en El Rastro. ¿Qué cosas quieres comprar?
2. ¿Por qué está enojada Isabel?
3. Alejandro es bueno con su hermana Isabel. Explica. ¿Qué hace Alejandro?
4. A veces a Miguel le parece que Alejandro es tonto. ¿Tienes un hermano o una hermana? ¿Te parece tonto/tonta tu hermano/hermana a veces? ¿Defiendes a veces a tu hermano/hermana?

E. Escribe un diálogo entre dos hermanos — Tomás, el hermano mayor, y Pablo, su hermano menor. Pablo quiere acompañar a Tomás por todas partes.

11

El milagro

---

lástima	*shame, pity*	**por eso**	*for that reason, so*
¡Qué lástima!	*What a shame!*	**robar**	*to steal, rob*
anoche	*last night*	**el suelo**	*floor*
la venta	*inn*	**el cuello**	*neck*
el hijo	*son*	**vivo**	*alive*
la hija	*daughter*	**el pie**	*foot*
enamorado de	*in love with*	**la alegría**	*joy*

Alejandro mira con lástima al pobre joven.
Pone la mano en el hombro del joven.

Alejandro: —¿Por qué lloras?

Franz: —Porque me van a matar.

5   Alejandro: —¡Ay, Dios mío! ¡Qué horror!

Franz: —¡Soy inocente! ¡Soy inocente!
¡Quiero ver a mis padres! ¿Dónde están?
¿Quién eres tú?

Alejandro: —Me llamo Alejandro. Vengo de
10 otro siglo. Quiero ayudarte si puedo.

Franz: —Me llamo Franz. Soy alemán. Estoy en España con mis padres. Vamos en viaje
de peregrinación a Santiago de Compostela*.
Vamos a rezar a la tumba de Santiago Apóstol,
15 pero anoche pasamos la noche en esta venta.
Petra, la hija del ventero, está enamorada de

hombro shoulder

*me van a matar
they're going to kill
me*
alemán German

*peregrinación
pilgrimage*
rezar to pray
tumba tomb
*Santiago Apóstol
Saint James the
Apostle*
ventero innkeeper

---

*Santiago de Compostela, the capital of the region of Galicia, Spain, is the site of the
tomb of Saint James the Apostle, the patron saint of Spain. It has been the destination
of religious pilgrimages since the Middle Ages.

63

mí, pero yo no la quiero. Petra se pone brava por eso, y pone una copa de plata en mi bolso y dice que yo quiero robarla.

copa de plata *silver cup*

20 Alejandro: —¡¿Y por eso te van a ahorcar?!

ahorcar *to hang*

Franz: —Sí. Y soy inocente. ¿Qué voy a hacer? ¿Quién puede ayudarme?

En este momento entran dos hombres. Toman a Franz del brazo y lo llevan afuera hacia

afuera *out, outside*

25 la horca donde van a ahorcarlo. Alejandro trata

horca *gallows*

de liberar al pobre joven, pero los hombres empujan a Alejandro.

liberar *to free, liberate*

Alejandro: —¡Déjenlo!

¡Déjenlo! *Let him go!*

Uno de los hombres levanta a Alejandro por

30 la camisa y lo tira al suelo. La camisa de Alejandro se rasga.

se rasga *is ripped*

Los hombres ponen la soga en el cuello de Franz. Alejandro grita. Tiene terror en la cara. Ahorcan al pobre joven.

soga *rope*

35 Pero, ¿qué es esto? ¡Franz está vivo! ¡Es un milagro! ¡Un verdadero milagro! Santo Domingo de la Calzada—santo que ayuda a los peregrinos que van a Santiago de Compostela—está escondido debajo de la horca y pone

un milagro *a miracle*
verdadero *true, real*
peregrinos *pilgrims*
escondido *hidden*

40 las manos debajo de los pies de Franz. Así le salva la vida a Franz.

salva *saves*

Los padres de Franz están llenos de alegría porque ven que su hijo está vivo. Van a ver al juez para exigir la libertad de su hijo. Alejan-

juez *judge*
exigir *to demand*

45 dro entra con ellos en la casa del juez. En este momento el juez come su almuerzo — una gallina asada.

gallina asada *roasted hen or chicken*

El padre de Franz le dice: —Ud. tiene que liberar a nuestro hijo. Lo ahorcaron, pero to-

lo ahorcaron *they hanged him*

50 davía está vivo. ¡Es un milagro!

todavía *still*

El juez: —¡Bah! ¡Qué tontería! ¡Su hijo no   tontería *nonsense,*
está más vivo que esta gallina!   *foolishness*

En ese momento pasa algo que Alejandro no
puede creer. ¡La gallina se levanta y salta del
55 plato del juez! Luego corre fuera de la casa y

se le cae una pluma en el suelo, cerca de Alejandro. Alejandro pone la pluma en su bolsillo
con las florecitas de Margarita.

    Ahora el juez cree en el milagro y le da la
60 libertad a Franz. Franz y sus padres se van.

    Franz: —Adiós, mi amigo.

    Alejandro: —Adiós y buena suerte.

    Otra vez el anillo brilla. Alejandro se en-
cuentra en El Rastro, cara a cara con el ven-
65 dedor sexista.

pluma feather; plume

Ejercicios

A. Verdadero o falso. Si es verdadero, di «verdadero». Si es falso, da la respuesta correcta:

1. La familia de Franz es religiosa.
2. Franz vive en la venta.
3. Franz roba una copa de plata.
4. Alejandro trata de ayudar a Franz, pero no puede.
5. Franz tiene miedo porque no quiere morir.
6. Franz está vivo porque Alejandro lo ayuda.
7. La gallina es el desayuno del juez.
8. La gallina está muerta. Después, la gallina está viva.
9. Ahora el juez cree que Franz es inocente.

B. Selecciona la respuesta para completar la frase:

1. Franz es
   a. un joven que vive en Santiago de Compostela.
   b. un joven alemán.
   c. un santo.
   d. un ladrón.

2. El problema de Franz es que
   a. una joven lo acusa de robar algo.
   b. no tiene dinero.
   c. no tiene padres.
   d. está enamorado.

3. Los hombres entran en el cuarto porque van a
   a. invitar a Franz a comer.
   b. matar a Franz.
   c. llevar a Franz a sus padres.
   d. acompañar a Franz a Santiago de Compostela.

4. Alejandro no puede ayudar a Franz porque
   a. tiene que volver a El Rastro.
   b. cree que Franz no es inocente.
   c. los hombres son más fuertes que Alejandro.
   d. su anillo brilla.

5. Franz no está muerto
   a. a causa del anillo mágico.
   b. porque Santo Domingo de la Calzada lo ayuda.
   c. porque Alejandro lo ayuda.
   d. porque sus padres lo ayudan.

6. Cuando la gallina salta del plato del juez, el juez
   a. tiene miedo.
   b. se enoja porque tiene hambre.
   c. cree en milagros y decide darle la libertad a Franz.
   d. mata a la gallina otra vez.

C. Completa la frase con la palabra apropiada del vocabulario:

1. Bonnie y Clyde _____ mucho dinero en los bancos.
2. La mamá está muy contenta. Tener un hijo es una gran _____ de la vida.
3. Los prisioneros golpean a Don Quijote. ¡Qué _____!
4. La niña es muy pequeña. Cuando se sienta en una silla grande, sus pies no tocan el _____.
5. Llevamos los zapatos en los _____.
6. Una _____ es un hotel pequeño.

D. Escribe frases completas con las siguientes palabras. Después, traduce las frases al inglés:

> EJEMPLO: Luisa / estar / solo / por eso / no estar / contento.
> Luisa está sola, por eso no está contenta.
> Luisa is alone, so she is not happy.

1. María / estar / enamorado / por eso / estar / contento
2. El Sr. Márquez / estar / cansado / por eso / pasar / noche / venta
3. Todo / familia / estar / junto / por eso / hay / mucho / alegría / casa
4. Fifi / ser / girafa / por eso / tener / el cuello / largo
5. Raúl / tener / dolor / cuello / por eso / no / poder / dormir

E. Contesta en español en frases completas:

1. ¿Cuántos hijos quieres tener algun día?
2. ¿Qué cosa es una gran alegría en tu vida?
3. ¿Te gusta estar en un hotel grande o en una venta?

4. ¿Qué tienen en común el cisne y la girafa?

12

La hamburguesa

VOCABULARIO

la sorpresa	*surprise*	**preguntar**	*to ask a question*
menos	*except; less*		
las ganas	*wishes, desires*	**que viene**	*next, coming*
la manera	*manner, way*		
lento	*slow, slowly*	**el año que viene**	*next year*
respetar	*to respect*	**yanqui**	*Yankee, American*
el gorro	*hat, cap*		

El vendedor: —¡Qué fresco! ¿Vas a comprar estas esposas o no?

Alejandro: —¡Las ganas! A usted, señor sexista, no le compro nada.

5 Alejandro se va. Cuando Alejandro encuentra a su familia, todos lo esperan.

Sra. Toledo: —Alejandro! ¿Qué te pasó? ¿Y por qué está rasgada tu camisa?

Alejandro: —No sé, mamá.

10 Miguel: —¡Qué típico de Alejandro! Nunca sabe lo que pasa. Siempre está soñando.

Alejandro mete la mano en su bolsillo. Allí encuentra la pluma de gallina.

Alejandro: —Sí,. . .soñando.

15 Sr. Toledo: —Niños, vamos a almorzar.

Isabel: —¿Adónde vamos, papá?

Sr. Toledo: —No te lo digo. Es una sorpresa.

Todos tienen hambre — todos menos Alejandro. Alejandro todavía piensa en la comida

20

¡Qué fresco! How fresh!

¡las ganas! you wish!

¿Qué te pasó? What happened to you?
rasgada ripped

soñando dreaming

mete la mano en su bolsillo puts his hand in his pocket
gallina hen

que compartió con Lazarillo y su señor. Pero
el andar muchas cuadras le da apetito. Tiene
ganas de comer algo.

compartió *he shared*
el andar *walking*
cuadras *blocks*

Ahora la familia está de nuevo en la Gran
25 Vía. Los tres jóvenes quieren saber a qué restaurante van. Pero su papá no les dice nada.

Por fin se encuentran enfrente de un restaurante de servicio rápido.

servicio rápido *fast-food*

Los tres jóvenes conocen muy bien los res-
30 taurantes de servicio rápido que venden hamburguesas. Pero el Sr. Toledo nunca come en
estos restaurantes. A él le gusta comer de una
manera más lenta. Pero hoy es distinto. Hoy
decide respetar los gustos de los jóvenes.

gustos *tastes*

35 Sr. Toledo: —Entremos.

Entremos *Let's go in*

Miguel: —¿Vamos a comer hamburguesas?

Sr. Toledo: —Por supuesto.

por supuesto *of course*

Alejandro: —¡Gracias, papá!

Entran al restaurante y van a un mostrador.
40 Detrás del mostrador hay un joven.

mostrador *counter*

El joven les pregunta: —¿En qué puedo servirles?

¿En qué puedo servirles? *How can I help you?*

Todos piden hamburguesas con salsa de to-
mate y papas fritas. De beber piden refresco
45 de naranja.

salsa *sauce*
papas fritas *french fries*

Media hora más tarde terminan de almorzar.

terminan de almorzar *finish their lunch*

Sr. Toledo: —¡Qué rápido!

La familia vuelve al hotel para dormir la
siesta. Alejandro no puede dormir. Piensa en
50 sus aventuras y en sus nuevos amigos. Piensa
en Don Quijote, en Sancho, en Margarita, en
Franz y en Lazarillo. También piensa en la
aventura próxima. La familia va a visitar el
famoso Museo de Figuras de Cera.

Museo de Figuras de Cera *Wax Museum*

Ejercicios

A. Contesta en español con frases completas:

1. ¿Por qué no quiere Alejandro comprarle nada al vendedor?
2. ¿Por qué cree Miguel que Alejandro es un soñador?
3. ¿Qué tiene Alejandro en el bolsillo?
4. ¿Por qué no tiene hambre Alejandro?
5. ¿Por qué el señor Toledo nunca come en restaurantes de servicio rápido?
6. ¿Qué come Alejandro en el restaurante?
7. ¿Adónde va la familia de Alejandro ahora?

B. Busca a la izquierda el sinónimo o significado de la expresión de la derecha:

1. próximo	a. no rápido
2. gorro	b. tratar con honor
3. respetar	c. que viene
4. menos	d. sombrero
5. lento	e. el opuesto de más

C. Preguntas personales. Contesta en español con frases completas:

1. ¿En qué clase preguntas mucho?
2. ¿A quién respetas mucho?
3. ¿Qué vas a estudiar el año que viene?
4. ¿Adónde vas a viajar algún día?
5. ¿Te gusta saber lo que va a pasar o te gustan las sorpresas?
6. ¿Asistes a las clases todos los días de la semana menos dos? ¿Cuáles son los dos días?
7. ¿Te gusta comer comidas típicas de otros países? ¿Qué comida te gusta?
8. ¿Tienes prisa cuando comes?

D. Crucigrama:

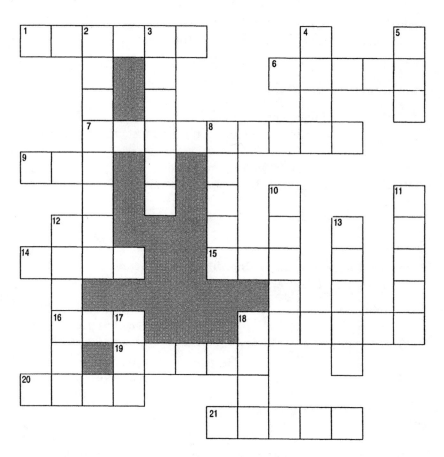

HORIZONTAL

1. No es una mentira, es la _____ .

6. La mujer no puede ver, ella es _____

7. Hacer una pregunta.

9. No puedo andar bien porque tengo dolor en el _____ derecho.

12. Ustedes no deben comer más. ¡Basta _____!

14. No es muy común ver un elefante en la ciudad. Es muy

_____ .

15. Escucho la radio porque me gusta _____ música.

16. ¿_____ dices?
18. ¿Después de la comida comemos el _____.
19. Un _____ tiene cien años.
20. Mi hermano es el _____ de mis padres.
21. No soy viejo, soy _____.

VERTICAL

2. Debes _____ a la gente mayor.
3. Mi _____ es el padre de mi padre.
4. Pebbles es la _____ de Fred Flintstone.
5. No puedo cantar bien. Canto muy _____.
8. No tengo hermanos. Soy hijo _____.
10. Sombrero
11. Vamos al cine el sábado que _____.
12. Norteamericano
13. El opuesto de rápido es _____.
17. Estoy muy cansado. Por _____ no voy a la fiesta.
18. No tengo mucho dinero, tengo _____ dinero.

E. **Diálogo. Tú y tus amigos/amigas van a comer en un restaurante. Ustedes tratan de decidir a qué restaurante van. Cada persona tiene una opinión diferente. Escribe un diálogo entre tú y tus amigos/amigas.**

13

Doña Juana la Loca

Introductory Note: In this chapter, Alejandro is going to learn the story of a queen of Spain called Doña Juana la Loca (Jane the Crazy). Students often think that Doña Juana's story is fictional, and rather unrealistic fiction at that. It is not. Doña Juana's story, exactly as she tells it to Alejandro, really happened. Even the young queen's desperate journey through northern Spain, trying to bring her dead husband back to life, is the truth. The words spoken by Teresa in this chapter come from the diary of one of Doña Juana's servants. Doña Juana's story is a strange, sad, and fascinating chapter of Spanish history.

Remember to keep an open mind as you read Alejandro's adventure with Doña Juana la Loca. Life imitates literature as literature imitates life, and history is often the strangest fiction of all.

V O C A B U L A R I O

alquilar	*to rent*	**bastante**	*enough*
interesar	*to interest*	**la nariz**	*nose*
el barco	*boat*	**despertarse (e, ie)**	*to wake up*
el dinero	*money*	**de nuevo**	*again*
triste	*sad*	**campo**	*field,*
tener celos	*to be jealous*		*countryside*
dulce	*sweet; candy*	**vacío**	*empty*
sitio	*place, site*	**la tristeza**	*sadness*
lugar	*place, site*		

Alejandro y su familia se despiertan de la siesta. Están llenos de energía. Deciden alquilar bicicletas para ir al museo. A Alejandro le gusta montar bicicleta. Van por la Gran Vía.

5 Doblan a la izquierda en el Paseo de Recoletos
para llegar al Museo de Figuras de Cera.

En el museo hay figuras de cera que representan a todos los reyes y a otros personajes
históricos de España. A Alejandro le interesan
10 todos. Pero hay una figura que le interesa más.
Es una reina joven que se llama Juana—¡Juana
la Loca! La figura de Juana está cerca de las de
sus padres. Juana es la hija del rey Fernando
II y de la reina Isabel I, los Reyes Católicos de
15 España (1476–1516). La reina Isabel es la que
le da los barcos y el dinero a Cristóbal Colón,
el descubridor del Nuevo Mundo. Juana parece mirar a Alejandro con una mirada muy
triste.

20   Alejandro: —Papá, ¿por qué se le llama «la
Loca»?

    Señor Toledo: —A su esposo, Felipe, le gustan mucho otras mujeres. Juana tiene celos y
se vuelve loca.

25   Alejandro: —¡Pobrecita!

Alejandro mira la figura que está al lado de
Juana. Es el esposo infiel, el rey Felipe I el
Hermoso. Se le llama así porque es muy guapo.
Pero a Alejandro no le parece guapo, le parece
30 cruel.

Alejandro mira otra vez los tristes ojos de
Juana la Loca, y otra vez su anillo empieza a
brillar. Ya no está en el museo con sus padres.
Se encuentra en un campo, en el norte de España. Es el año 1508. Una mujer está cerca de
35 Alejandro. Es Juana la Loca. Juana está de rodillas cerca de un ataúd, llorando y rezando.
Al lado de Juana está su sirvienta, Teresa.

Glosses (right margin):

montar bicicleta *ride a bicycle*

museo de figuras de cera *wax museum*

descubridor *discoverer*
con una mirada muy triste *with a very sad look*

infiel *unfaithful*
guapo *handsome*

de rodillas *on her knees*
un ataúd *a coffin*
rezando *praying*

Alejandro mira en silencio. Después de unos
40 momentos, Juana levanta la cabeza y ve a Alejandro.

Juana: —¿Quién eres, hijo? ¿Qué haces aquí,
de noche, en este campo vacío?

Juana tiene la voz muy dulce. En su cara se
ve ternura, bondad y tristeza.   ternura *tenderness*

45 Alejandro: —Me llamo Alejandro, señora.
Vengo de otro lugar y de otro tiempo. ¿Por qué
llora usted?

Juana: —Dentro de este ataúd está mi que-   querido *dear,*
rido esposo, Felipe. Felipe no es siempre un   *beloved*
50 esposo fiel, pero lo quiero con todo mi cora-   fiel *faithful*
zón. Murió hace ya dos años.   murió *he died*
       hace ya dos años
Alejandro: —¡Murió hace dos años! ¡¿Por   *two years ago*
qué no está enterrado?!   enterrado *buried*

Juana: —Porque no está muerto por
55 siempre. Un hombre religioso dice que si yo
rezo bastante, mi esposo va a volver a la vida.   rezo *I pray*
       volver a la vida
El hombre dice que si digo las palabras correc-   *come back to life*
tas en el lugar correcto, mi Felipe va a desper-
tarse. Hace ya dos años que viajo por el campo
60 con mi querido Felipe. Busco el lugar correcto.

Teresa: —Sí. Hace ya dos años que viajamos con este ataúd.

Juana: —Quiero ver si mi Felipe empieza a
despertarse. Voy a abrir el ataúd.

65 Teresa: —¡Por Dios, no, señora!

Alejandro mira con horror mientras la pobre
Juana abre el ataúd.

Teresa mira a Alejandro y le habla en voz
baja.

70 Teresa: —No huele a perfume.   No huele a *It*
       doesn't smell like
Esta mujer tiene razón —piensa Alejandro
—. ¡Qué olor!   ¡Qué olor! *What a*
       smell!

Alejandro: —Tengo que irme ahora, señora. Creo que mi mamá me llama.

75 El anillo brilla: parece conocer los deseos de Alejandro. Alejandro se encuentra de nuevo en el Museo de Figuras de Cera.

deseos *wishes, desires*

Señora Toledo: —Alejandro, ¿por qué te tapas la nariz?

¿Por qué te tapas la nariz? *Why do you hold your nose?*

Ejercicios

A. Verdadero o falso. Si es verdadero, di «verdadero». Si es falso, da la respuesta correcta:

1. Después de la siesta, los Toledo están cansados.
2. En el museo, Alejandro va a ver figuras que representan a los Flintstones.
3. La reina Isabel ayuda a Cristóbal Colón.
4. Fernando e Isabel son los abuelos de Juana la Loca.
5. Felipe es un buen esposo.
6. Felipe no es un buen esposo, pero Juana lo quiere.
7. Juana le parece muy simpática a Alejandro.
8. Felipe, el esposo de Juana, está enfermo.
9. Juana cree que Felipe va a vivir otra vez.
10. Alejandro quiere pasar más tiempo en el campo con Juana.

B. Selecciona la mejor respuesta para completar la frase:

1. Fernando e Isabel son
   a. el rey y la reina de España de hoy día.
   b. actores del cine español.
   c. amigos de Fred y Wilma.
   d. el rey y la reina de España en la época de Cristóbal Colón.

2. Juana es
   a. una mujer que trabaja en el museo.
   b. la hija de Fernando e Isabel.
   c. una loca que cree que es Dulcinea.
   d. la hija de Fred y Wilma.

3. Juana está loca porque
   a. mira mucha televisión.
   b. su esposo anda con muchas mujeres.
   c. pasa muchos años en el museo.
   d. pasa mucho tiempo sola.

4. Juana tiene
   a. sueño.
   b. razón.
   c. celos.
   d. dolor de cabeza.

5. Juana viaja por el norte de España con
   a. los Toledo.
   b. sus padres, los Reyes Católicos.
   c. su esposo muerto y Teresa.
   d. Cristóbal Colón.

6. Alejandro quiere irse del campo porque
   a. no le gusta el «perfume» de Felipe.
   b. quiere ver a sus padres.
   c. Juana está loca, y a Alejandro no le gusta.
   d. tiene hambre.

C. Busca a la derecha el sinónimo o significado de la palabra de la izquierda:

1. barco	a. suficiente
2. sitio	b. no contento
3. de nuevo	c. el antónimo de lleno
4. vacío	d. otra vez
5. dinero	e. el antónimo de alegría
6. triste	f. no dormir más
7. bastante	g. se usa para comprar cosas
8. despertarse	h. cosa que viaja por el agua
9. tristeza	i. lugar

D. Preguntas personales. Contesta con frases completas en español:

1. ¿Tienes celos a veces? ¿De quién tienes celos? ¿Por qué?
2. ¿Cuándo estás triste?
3. ¿A tus padres les interesan tus notas (*grades*)?

4. ¿A qué hora te despiertas para ir a las clases?
5. ¿Adónde vas para alquilar un auto?
6. ¿Te interesa la historia de Juana la Loca?
7. ¿Te parece extraña la historia de Juana? ¿La crees?
   (Debes creerla porque es la verdad).

14

El Cid

VOCABULARIO

la sala	room, living room	**éxito**	success
el héroe	hero	**tener éxito**	to be successful
la heroína	heroine	**dormir (o, ue)**	to sleep
los moros	Moors, Arabs	**la cama**	bed
luchar	to fight	**la pierna**	leg
contra	against	**la pena**	trouble, pain
la guerra	war	**necesitar**	to need
ganar	to win; to earn	**alguien**	someone
importar	to be important, to matter	**fácil**	easy

Alejandro y su familia pasan por el museo. Miran las figuras de los varios reyes de España, y otras figuras históricas.

En una sala, a Alejandro le interesa la gran
5 figura de un hombre montado a caballo. Es el   montado *mounted*
héroe nacional de España, el Cid, sobre su famoso caballo Babieca.

A la Sra. Toledo le gusta la historia y quiere explicarles a sus hijos la importancia del Cid.
10 Sra. Toledo: —El Cid vive en el siglo XI. En el siglo XI los moros ocupan partes de España. El Cid lucha contra los moros en la Re-   la Reconquista *reconquest*
conquista, la guerra para reconquistar España   reconquistar *to reconquer*
de los moros. El Cid lucha valientemente y   valientemente *bravely*
15 gana muchas batallas. Ganar batallas es importante para el Cid. Pero su esposa — doña Jimena —, y sus dos hijas — doña Elvira y doña

Sol —, son aún más importantes. El Cid sale   aún *even*

victorioso en las batallas; por eso el rey quiere   batallas *battles*

20 darle un premio. Como premio, el rey con-   premio *prize,*
        reward

cierta un matrimonio de prestigio para las hijas   concierta *arranges*

del Cid y les da de esposos a dos condes, que   prestigio *prestige*
        condes *counts*

se llaman don Fernando y don Diego y son

hermanos. Son condes, pero son hombres co-

25 bardes y crueles. ¡Qué premio!   cobarde *coward*

Alejandro escucha fascinado a su mamá
mientras mira la figura del gran hombre. Su
anillo brilla, y empieza otra aventura para Alejandro. Esta vez se encuentra en Valencia,

30 donde viven el Cid y su familia. Alejandro está
ahora en una fortaleza que se usa para defender   fortaleza *fortress*
la ciudad contra los moros.

Es de noche y todos duermen. Pero de repente Alejandro oye gritos. Un león escapa de

35 su jaula y anda por la fortaleza. Don Fernando   jaula *cage*
y don Diego ven el león y gritan de miedo.
Diego salta en los brazos de su hermano. Des-
pués los dos se esconden debajo de la cama. El   se esconden *hide*
león se acerca a la cama y los mira con curio-   se acerca

40 sidad. Alejandro está al otro lado de la sala,   *approaches*
        curiosidad *curiosity*
donde duerme el Cid. El Cid se despierta a
causa de los gritos de don Fernando y don
Diego. El Cid ve al león, pero no tiene miedo.
Se acerca al animal y le habla.

45 El Cid: —Óscar, ¿qué haces aquí? Tienes
que volver a tu jaula.

El león, Óscar, mira al gran hombre. Baja la   baja *he lowers*
cabeza y mete la cola entre las piernas. Óscar   mete la cola entre
vuelve a su jaula.   *puts the tail*
        between

50 Don Fernando y don Diego salen de debajo
de la cama. Están pálidos y sucios. Los solda-   pálidos *pale*
dos, que están allí a causa de los gritos, se ríen   soldados *soldiers*
        se ríen de *laugh at*

de los dos condes. Los condes se sienten hu-   humillados
millados y se van. En este momento el Cid ve   *humiliated*
55 a Alejandro.

El Cid: —¿Y quien eres tú, hijo? ¿De dónde
vienes?

Alejandro: —Me llamo Alejandro y vengo
de muy lejos.

60 El Cid: —¡Ah. . .un desconocido! Pareces   desconocido
ser una persona de buenos sentimientos. Ne-   *stranger*
cesito hablar con alguien. Estoy triste. Nece-   de buenos
sito contarle a alguien las penas de mi corazón.   sentimientos *good-*
A veces es más fácil hablarle a un extranjero.   *hearted*
65 ¿Puedo contarte mis problemas?   contar *to tell*

Ejercicios

A. Verdadero o falso. Si es verdadero, di «verdadero». Si es falso, da la respuesta correcta:

1. El caballo del Cid se llama Rocinante.
2. La señora Toledo sabe mucho de matemáticas.
3. Al Cid solo le importa luchar bien y ganar la guerra.
4. El Cid quiere casar a sus hijas con don Fernando y don Diego.
5. Las hijas del Cid tienen esposos crueles.
6. A causa del anillo mágico, Alejandro se encuentra en Valencia con el Cid.
7. El león parece tenerle miedo al Cid.
8. Cuando el león está otra vez en la jaula, el Cid no tiene más problemas.

B. Selecciona la mejor respuesta para completar la frase:

1. El Cid es un gran héroe porque lucha contra
   a. Teddy Roosevelt en la Guerra Hispanoamericana.
   b. los piratas.
   c. los reyes de España.
   d. los moros que viven en España en el siglo XI.

2. La Reconquista es
   a. una región de España.
   b. un baile español.
   c. una guerra.
   d. una gran ciudad de los moros.

3. En la España del siglo XI hay muchos
   a. héroes.
   b. norteamericanos.
   c. moros.
   d. elefantes.

4. El rey está muy contento con el Cid porque el Cid
   a. lucha bien contra los moros.
   b. descubre el Nuevo Mundo.
   c. es el padre de la esposa del rey.
   d. sabe controlar a los leones.

5. Los esposos de las hijas del Cid se llaman
   a. Fred y Barney.
   b. Abbot y Costello.
   c. Bert y Ernie.
   d. Diego y Fernando.

6. Los condes
   a. tienen miedo porque el Cid quiere matarlos.
   b. les tienen miedo a las hijas del Cid.
   c. le tienen miedo a un animal.
   d. le tienen miedo al rey.

7. El Cid prefiere contarle su problema
   a. a una persona que no conoce bien.
   b. a una persona que conoce bien.
   c. al rey.
   d. al león.

C. Completa la frase con la palabra apropiada del vocabulario:

1. Los alumnos prefieren un examen _____ .
2. Lucas Andacielos (*Skywalker*) tiene _____ en su lucha contra Darth Vader.
3. Me da mucha _____ ver a la gente que vive en las calles.
4. Para comprar una casa, una persona _____ dinero.

5. Los niños miran «Los Flintstones» en la televisión en la __ de la casa.

6. Cuando dos países luchan, esto se llama una _____.

7. Carlos es el mejor jugador de tenis — siempre _____ los partidos (*matches*).

8. Marvila — «La Mujer Maravilla» (*Wonderwoman*) — es una _____.

9. Después de correr mucho, tengo dolor en las _____.

10. Una guerra civil es cuando una parte del país lucha _____ la otra parte.

D. Preguntas personales. Contesta con frases completas en español:

1. ¿Cuántas horas duermes cada noche?
2. ¿Arreglas tu dormitorio todos los días?
3. ¿Qué cosa te da mucha pena?
4. Según tu opinión, ¿qué curso es el más fácil?
5. ¿Le cuentas tus penas a alguien? ¿A quién?
6. ¿Quién tiene mucho éxito en el béisbol?
7. Según tu opinión, ¿deben los padres concertar (*arrange*) los matrimonios de sus hijos?
8. ¿Qué cosa es lo que todo el mundo necesita?
9. ¿Qué necesitas para ser feliz?

E. Diálogo. Imagínate un problema posible del Cid. Escribe un diálogo entre el Cid y Alejandro. En este diálogo el Cid le cuenta a Alejandro su problema.

15

La pena del Cid

VOCABULARIO

seguro	*sure, certain*	**sobrino**	*nephew*
preocupado	*worried*	**decidir**	*to decide*
decidir	*to decide*	**morir (o, ue)**	*to die*
igual	*equal*	**la lucha**	*fight*
tanto	*so much, as much*	**fuerte**	*strong*

Alejandro: —Por supuesto, señor. Quiero escuchar su historia. Es un gran honor escuchar los problemas de un gran hombre.

El Cid: —Pues, tengo dos hijas, doña Elvira
5 y doña Sol. Yo las quiero mucho. Ellas son las personas más importantes de mi vida. El rey concertó el matrimonio de mis hijas con dos condes. Yo soy fiel al rey y lo obedezco, pero no confío en los condes. Me parece que no son
10 hombres buenos. Mañana salen de viaje con mis hijas. Estoy preocupado. No sé que hacer.

Alejandro: —¿Puede usted prohibir el viaje de sus hijas?

El Cid: —No. Mis hijas tienen que ir con
15 sus esposos. Así lo manda la ley. La mujer pertenece a su esposo.

Alejandro: —¡Qué barbaridad! Donde yo vivo las mujeres pueden decidir su propia vida al igual que los hombres.

20 El Cid: —¡Increíble!

Alejandro quiere hablar más con el Cid. Pero

por supuesto of course

concertó arranged

fiel faithful, loyal
obedezco I obey
confío trust

prohibir to forbid

así lo manda la ley that is the law
pertenece belongs to
¡Qué barbaridad! How awful!
decidir su propia vida decide their own life
increíble incredible

no tiene control sobre su anillo. Brilla cuando quiere brillar. Alejandro se encuentra de nuevo con su familia ante la figura de cera del Cid.

25 Alejandro: —Mamá, ¿cómo sabes tanto de la historia del Cid?

Sra. Toledo: —Porque en la universidad estudio *El cantar del Mío Cid.* Es un poema épico del siglo XII. Cuenta la vida del Cid. *épico epic*

30 Alejandro: —¿Sabes lo que les pasa a las hijas del Cid?

Sra. Toledo: —Sí, mi hijo. Pero hay partes de la historia que son muy tristes y crueles.

Alejandro: —Quiero escucharla, mamá. *quiero escucharla I want to hear it*

35 Sra. Toledo: —Doña Elvira y doña Sol hacen un viaje con sus esposos, los condes don Diego y don Fernando. Pero el Cid no confía en los condes y manda a Félez Muñoz, su sobrino, en el viaje. Félez Muñoz va a cuidar *cuidar take care of* 40 a las hijas del Cid y a vigilar a los condes. *vigilar to keep an eye on*

Alejandro: —¿Porque los condes son crueles?

Sra. Toledo: —Sí. Y los condes se sienten humillados. *humillados humiliated*

45 Alejandro: —¿A causa del incidente del león?

Sra. Toledo: —Sí. Los condes saben que el Cid es más valiente que ellos. Quieren vengarse de él. Pero, como son cobardes, deciden *vengarse to take revenge* 50 vengarse en las hijas del Cid. *cobardes cowards*

Alejandro: —¿Qué hacen los condes?

Sra. Toledo: —Llevan a doña Elvira y a doña Sol a un lugar en las montañas, donde no hay nadie. Allí los condes golpean a las dos 55 mujeres y las abandonan para que mueran, *las abandonan para* pero doña Elvira y doña Sol no mueren. Son *que mueran they leave them to die*

tan fuertes como el Cid y como doña Jimena,
su mamá. Félez Muñoz las encuentra vivas y
las lleva de regreso a la casa de sus padres.

las lleva de regreso
takes them back

60   Alejandro: —¿Qué hace el Cid entonces?
Puedo imaginar lo furioso que está.

lo furioso *how
furious*

Sra. Toledo: —Sí. Pero el Cid es un hombre
justo y lucha con sus enemigos de manera
justa. El Cid gana la lucha con valor y con
65 honor.

Alejandro: —¿Y a doña Elvira y doña Sol
qué les pasa?

Sra. Toledo: —El rey concierta otro matrimonio para ellas. Esta vez con dos hombres
70 buenos.

Alejandro: —¡Qué barbaridad! Otra vez las
obligan a casarse con hombres que no quieren.

las obligan a
casarse *they force
them to marry*

Sra. Toledo: —Sí, hijo mío. Así es la socie-
dad del siglo XI. ¡Qué bueno que vivimos en
75 el siglo XX!

¡qué bueno! *how
good it is!*

Alejandro e Isabel: —Sí, ¡qué bueno!

Ejercicios

A. Selecciona la mejor respuesta para completar la frase:

1. Para el Cid la cosa más importante del mundo es
   a. ser fiel a su rey.
   b. sus hijas.
   c. ganar la guerra.
   d. Babieca.

2. Doña Elvira y doña Sol van de viaje con los condes porque
   a. tienen ganas de ver otros países.
   b. el rey arregla el viaje.
   c. en el siglo XI la mujer tiene que hacer lo que quiere su esposo.
   d. están enojadas con su padre.

3. El Cid está preocupado porque
   a. no es fácil viajar en el siglo XI.
   b. no quiere estar separado de sus hijas.
   c. no sabe adónde van sus hijas.
   d. los condes no son hombres buenos.

4. Félez Muñoz es
   a. el sobrino del Cid.
   b. un amigo de los condes.
   c. un hermano del rey.
   d. un turista.

5. Félez Muñoz va a acompañar a doña Elvira y doña Sol
   a. porque quiere ver el mundo.
   b. para ayudarlas si es necesario.
   c. para servirles las comidas.
   d. porque no tiene otra cosa que hacer.

6. Los condes son crueles con doña Elvira y doña Sol porque
   a. están enojados con el rey.
   b. están enojados con el Cid.
   c. quieren robarles el dinero.
   d. quieren el divorcio.

7. Las hijas del Cid sufren mucho
   a. y se mueren.
   b. pero no se mueren.
   c. y después matan a sus esposos.
   d. porque nunca pueden volver a casa.

8. El Cid es un hombre justo, por eso
   a. decide no luchar contra los condes.
   b. decide perdonar a los condes.
   c. no les hace nada a los condes.
   d. lucha contra los condes de una manera justa.

9. Ahora doña Elvira y doña Sol
   a. se casan con otros hombres por amor.
   b. se casan con otros novios porque así lo manda el rey.
   c. no se casan otra vez.
   d. se casan con Doogie Howser y su amigo.

10. El Cid es
    a. un jugador de béisbol.
    b. un rey de España.
    c. un autor famoso.
    d. un héroe de la historia española y el héroe de un poema épico.

B. Completa las frases con las palabras apropiadas del vocabulario:

1. Yo sé que José es un hombre de honor. Estoy _____ que él no dice mentiras.
2. Muchos hombres _____ en una guerra. ¡Qué lástima!
3. Mi hermano tiene un hijo que se llama Gabriel. Gabriel es mi _____ .
4. En el siglo XX las mujeres son _____ a los hombres, pero no en el siglo XI.
5. La madre está muy _____ porque no sabe dónde están sus hijos.
6. Quiero a mi hijo _____ como quiero a mi hija.
7. Debo estudiar pero quiero ir a la fiesta. Tengo que _____ qué voy a hacer.
8. Hay una _____ entre Shredder y las Tortugas Ninjas.
9. Las Tortugas Ninjas ganan porque son más _____ que Shredder y tienen la razón.

C. Composición. ¿Qué te gusta más — vivir en el siglo XI o en el siglo XX? Explica.

16

La familia Toledo va a Toledo

VOCABULARIO

soñar (o, ue) con	*to dream about*	**el azúcar**	*sugar*
la almohada	*pillow*	**enorme**	*enormous, big*
las medias	*socks, stockings*	**por fin**	*at last; finally*
por todas partes	*everywhere*	**prestar atención**	*to pay attention*
desayunar	*to eat breakfast*	**difícil**	*difficult*
el comedor	*dining room*	**propio**	*own*

A la mañana siguiente, la familia Toledo va a hacer un viaje de Madrid a Toledo, una vieja ciudad situada a unas cuarenta millas al sur de Madrid.

<small>unas cuarenta millas *some forty miles*
al sur *to the south*</small>

5 Todos se levantan temprano menos Alejandro.

Señora Toledo: —Alejandro, ya es hora de levantarse, dormilón.

<small>hora de *time to*
dormilón *sleepy head*</small>

Alejandro: —No puedo dormir tranquilo, 10 mamá. Toda la noche sueño con leones.

Señora Toledo: —¡Leones!

Alejandro: —Sí, mamá. A veces yo corro detrás de los leones, y a veces los leones corren

<small>yo corro detrás de *I run after*</small>

93

detrás de mí. Y a veces el Cid corre detrás de
15 los leones.

Isabel: —¡Leones! ¡El Cid! ¡Qué imaginación tienes, Alejandro!

Miguel: —¡Qué tonto eres!

Alejandro: —¡Y tu eres un «nerd» y un
20 «dork»!

Alejandro está muy orgulloso de estas   orgulloso *proud*
palabras yanquis que aprende de una película
norteamericana.

Miguel le tira una almohada a Alejandro.
25 Alejandro le tira su ropa interior a Miguel. La
ropa interior aterriza en la cabeza de Miguel.   aterriza *lands*
Parece un gorro. Isabel tira sus medias a Mi-
guel, pero Miguel se agacha y las medias gol-   se agacha *bends*
pean la cabeza del señor Toledo. Todos se ríen.   *over*
30 Pronto hay almohadas y ropa por todas partes.   se ríen *laugh*

Sr. Toledo: —Basta, niños. Tienen que
arreglar este cuarto. Tenemos que preparar-
nos para salir.

Media hora después la familia desayuna en
35 el comedor del hotel. Luego el Sr. Toledo
alquila un auto y todos se van. El viaje dura
una hora. Los tres niños pasan el tiempo con-   contando *counting*
tando los autos azules que ven. Por fin llegan
a Toledo. A Alejandro le gusta la idea de vi-
40 sitar una ciudad que se llama igual que su
familia. Primero van a la famosa fábrica de   fábrica *factory*
mazapán de Toledo. El mazapán es un dulce.   mazapán *marzipan*
Se hace de almendras y azúcar. Los dulces   almendras *almonds*
tienen la forma de frutas, animales o flores. Son
45 muy bonitos. La familia está ahora muy contenta con sus ricos dulces de mazapán.

Ahora la familia Toledo tiene ganas de ver
la ciudad de Toledo. Primero van al museo de

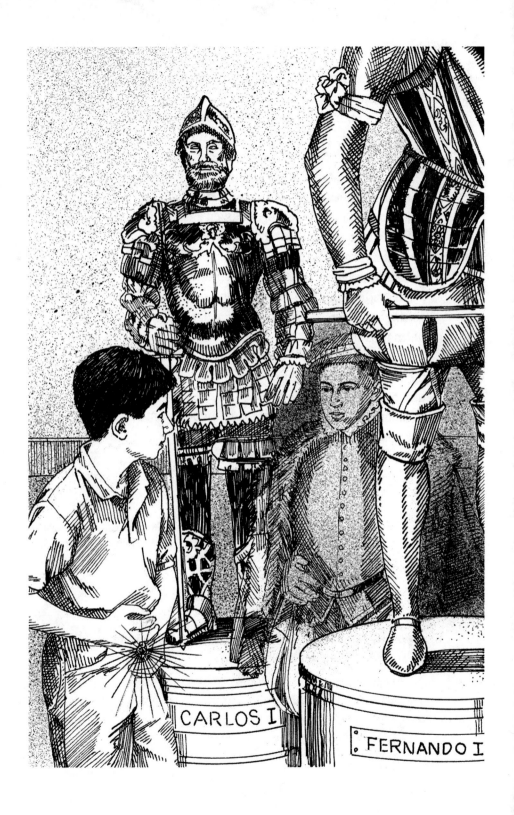

CARLOS I

FERNANDO I

Santa Cruz, un museo que está dentro de un
50 viejo hospital. A los padres de Alejandro les
fascina la enorme estatua de Carlos I, rey de
España, rey de Alemania y emperador romano
del siglo XVI. Sólo Alejandro nota, cerca de
Carlos I, la estatua de Fernando I*, su her-
55 mano menor. A causa de la magia de su anillo,
Alejandro puede oír la voz del joven Fernando.

Fernando: —¡Por fin alguien me mira! ¡Alguien me presta atención! Siempre miran a mi
hermano mayor. Es difícil ser el menor.

60   Alejandro: —¡Bien lo sé, amigo! Tienes
celos, como yo; a veces tengo celos de mis
hermanos mayores.

Fernando: —Todos conocen el gran nombre
de mi hermano, Carlos I. Pero nadie sabe
65 quién soy yo.

Alejandro: —Eres un hermano menor, como
yo, con tus propios talentos.

Fernando: —¡Ah, qué bien entiendes!

Alejandro: —Sé por qué se lo digo.   sé por qué se lo
digo *I know what*
I'm talking about

---

*Charles I, King of Spain from 1516 to 1556, reigned in Germany as Charles V and also
became Holy Roman Emperor in 1519. His son, Philip II, became King of Spain, and
his brother, Ferdinand I, became Holy Roman Emperor.

Ejercicios

A. Verdadero o falso. Si es verdadero, di «verdadero». Si es falso, da la respuesta correcta:

1. Alejandro sueña con elefantes.
2. La ciudad de Toledo está al sur de Nueva York.
3. El mazapán es un dulce rico y bonito.
4. Los Toledo compran un auto para el viaje a Toledo.
5. En el museo, Alejandro presta atención a la misma estatua que sus padres.

6. En el siglo XVI, Carlos I es un hombre muy fuerte e importante.
7. Fernando y Alejandro tienen celos de sus hermanos menores.
8. Alejandro no puede entender bien las emociones de Fernando.

B. Selecciona la mejor respuesta para completar la frase:

1. Alejandro llama a Miguel «idiota» porque
   a. Miguel le roba la ropa interior a Alejandro.
   b. Alejandro cree que «idiota» significa «inteligente».
   c. Miguel dice que Alejandro es tonto.
   d. Miguel no conoce al Cid.

2. Los tres hermanos tiran
   a. piedras.
   b. muebles.
   c. comida.
   d. ropa.

3. El gran emperador español del siglo XVI se llama
   a. Carlos.
   b. Fernando.
   c. Lazarillo.
   d. Federico.

4. Fernando tiene celos de Carlos porque
   a. Carlos gana muchas guerras.
   b. Carlos tiene más éxito con las mujeres.
   c. la estatua de Carlos es más grande.
   d. todo el mundo le presta atención a Carlos.

C. Busca a la derecha el significado o sinónimo de la palabra de la izquierda:

1. desayunar	a. la ropa que se lleva en los pies
2. rico	b. después de mucho tiempo
3. la almohada	c. mirar o escuchar con interés
4. por todas partes	d. en muchos sitios
5. prestar atención	e. algo blanco y dulce
6. las medias	f. donde pones la cabeza cuando duermes
7. el azúcar	g. no fácil
8. por fin	h. donde come la familia
9. difícil	i. ver imágenes mientras duermes
10. soñar con	j. comer la primera comida del día
11. el comedor	k. delicioso

D. Preguntas personales. Contesta con frases completas en español:

1. ¿Tienes tu propio dormitorio?
2. ¿Siempre le prestas atención al profesor?
3. ¿Cantas con una voz muy bonita?
4. ¿Qué persona famosa tiene la voz muy bonita?
5. ¿A qué hora te desayunas?
6. ¿Sueñas con estar enamorado/enamorada algún día?
7. ¿Te gusta comer cosas con mucho azúcar?
8. ¿De quién tienes celos?
9. ¿Por qué tienes celos a veces de tu hermano/hermana?
10. ¿Por qué tienes celos a veces de tu amigo/amiga?
11. ¿Cuándo tienen celos de ti tus amigos/amigas?
12. ¿En tu dormitorio hay ropa y libros por todas partes?
13. ¿Qué animal es enorme?
14. Según tu opinión, ¿cuál es la comida más rica del mundo?

E. Crucigrama:

HORIZONTAL

1. Alejandro tira la _____ interior a su hermano.
3. Esta comida es deliciosa. Es muy _____.
6. La _____ está en el centro de la cara.
7. El trabajo no es difícil, es _____.
9. En la _____ civil de los Estados Unidos, el norte lucha contra el sur.
10. La madre le _____ un libro a su hijo.
11. El chico quiere beber algo porque _____ sed.
12. Ellos comen a las siete de la mañana — siempre _____ a las siete.

VERTICAL

1. Correr, en inglés, es *to* _____.
2. Después de muchas horas, _____ fin llegamos a casa.
4. Dos y dos es _____ a cuatro.
5. El postre es muy dulce porque tiene mucha _____.
7. El Cid y sus hombres ganan la lucha porque son valientes y _____.
8. Muchos chicos _____ con ser famosos algún día.
10. Los condes le tienen miedo a un animal. Este animal es un _____.

17

El pozo amargo

Los Toledo salen del museo de Santa Cruz
y van a la gran fortaleza del Alcázar. Este viejo
edificio es una fortaleza y un palacio a la vez.
Adentro hay un museo del ejército. El Alcázar
5 es el sitio de una batalla terrible de la Guerra
Civil Española de 1936. En esta batalla los
militares de un lado atacan la fortaleza. Los
militares del otro lado, que están adentro, la
defienden. Luchan durante setenta días. Final-
10 mente ya no hay más comida. Los hombres
están cansados y tienen mucha hambre. Muchos mueren de hambre o en la batalla.

El líder de los defensores del Alcázar es el
Coronel Moscardó. Su hijo se llama Luis. Luis
15 tiene dieciséis años, y los enemigos lo tienen
prisionero y lo van a matar si el coronel no se
rinde. Luis habla con su papá por teléfono.

En el museo, Alejandro lee el diálogo entre
el coronel y Luis. Luis le dice a su padre que
20 lo van a matar. El coronel le dice a su hijo que
debe gritar: «¡Viva España!» y morir como un

*pozo amargo bitter
well*
la fortaleza fort
el palacio palace
ejército army

*la defienden defend
it*

el líder leader

*se rinde give up,
surrender*

matar kill
*¡Viva España! Long
live Spain!*

héroe. El hijo le manda un beso a su papá. Los
dos se dicen «adiós».

—¡Qué horrible es la guerra!—piensa Alejan-
25 dro. Los Toledo salen del museo.

Toledo es interesante a causa de la mezcla
de culturas. Durante muchos siglos, viven en
Toledo distintos pueblos: los visigodos, los
moros, los cristianos y los judíos. La familia
30 entra en El Tránsito, una vieja sinagoga que
ahora se usa como iglesia.

Salen de El Tránsito y andan por una calle
vieja y estrecha. A un lado hay un pozo que le
llama la atención a Alejandro. Hay un tazón
35 que cuelga del pozo. Alejandro tiene sed y
quiere beber agua del pozo. Toma el tazón.

Sr. Toledo: —No, hijo. Esta agua no se
puede beber.

Alejandro: —¿Por qué no, papá?
40 Sr. Toledo: —Este pozo se llama «el pozo
amargo» porque el agua que hay adentro es
amarga.

Alejandro: —¿Por qué es amarga el agua?

En este momento el anillo brilla. La voz que
45 contesta no es la voz del Sr. Toledo. Es la voz
de una joven que se sienta al lado del pozo. La
joven llora y sus lágrimas caen en el agua.

La joven: —Son mis lágrimas que hacen el
agua amarga. Soy yo, Raquel Pérez, la que hace
50 amargo el pozo.

mezcla *mixture*

visigodos
*Visigoths**
judíos *Jews*

tazón *cup; mug*
cuelga *hangs*

*Germanic people that settled in western Europe from the fourth to the eighth centuries.

Ejercicios

A. Verdadero o falso. Si es verdadero, di «verdadero». Si es falso, da la respuesta correcta:

1. Dentro del Alcázar hay un museo de arte.
2. En la Guerra Civil Española, los españoles luchan contra los españoles.
3. La batalla del Alcázar es corta, no dura mucho tiempo.
4. Hay varios grupos étnicos en la historia de Toledo.
5. El Tránsito es un sitio para adorar a Dios.
6. La señora Toledo le dice a Alejandro que no debe beber el agua del pozo.
7. Las lágrimas de una joven hacen amarga el agua del pozo.

B. Selecciona la respuesta correcta para completar la frase:

1. En 1936 en el Alcázar
   a. viven moros, judíos y cristianos.
   b. vive el rey.
   c. hay una batalla terrible.
   d. se celebran los Juegos Olímpicos.

2. El Coronel Moscardó
   a. lucha contra los moros.
   b. lucha para defender el Alcázar.
   c. ataca el Alcázar.
   d. lucha para defender El Tránsito.

3. El agua del pozo
   a. está sucia.
   b. no es dulce.
   c. no existe.
   d. es deliciosa.

4. Alejandro pregunta por qué es amarga el agua. La persona que contesta es
   a. Raquel.
   b. el Sr. Toledo.
   c. Isabel.
   d. la Sra. Toledo.

5. El agua es amarga
   a. porque es muy vieja.
   b. a causa de la contaminación.
   c. porque está sucia.
   d. a causa de la tristeza de Raquel.

C. Completa la frase con la palabra apropiada del vocabulario:

1. Es imposible vivir sin amor. No se _____ vivir sin amor.
2. En una gran ciudad hay muchos _____ altos donde trabaja mucha gente.
3. No debes comer y hablar a la _____.
4. Cuando una persona llora, las _____ le caen de los ojos.
5. Antes de irse, el chico le da un _____ a su mamá.
6. La alegría es el opuesto de la _____.
7. Cuando viajo, siempre les _____ muchas cartas a mis amigos.
8. La caja es grande, pero hay un regalo pequeño _____.

D. Contesta con frases completas en español:

1. ¿Se puede tener éxito sin trabajar?
2. ¿Se puede vivir sin comer?
3. ¿Se puede andar una milla en media hora?
4. ¿Se puede correr sin zapatos?
5. ¿Se puede ser feliz sin amor?

18

La historia de Raquel

VOCABULARIO

odio	*hatred*	**sentir (e, ie)**	*to feel*
odiar	*to hate*	**secar**	*to dry*
el novio	*boyfriend; fiancé*	**seco**	*dry*
la novia	*girlfriend; fiancée*	**el cariño**	*affection*
matar	*to kill*	**mojado**	*wet*
infeliz	*unhappy, unlucky*		

Alejandro: —¿Por qué lloras?

Raquel: —Lloro por mi novio, que ha muerto.

Alejandro: —¡Qué pena! Pobrecita. ¿Por qué
5 está muerto?

Raquel: —Está muerto a causa del odio que
hay en el mundo. Ha muerto porque me
quiere.

Alejandro: —¿Porque te quiere?

10 Raquel: —Sí. Porque soy judía y él es
cristiano. Estamos enamorados y queremos casarnos. Hay alguna gente que cree que no
debemos estar enamorados, que no debemos
casarnos. Por eso alguien mata a mi novio y lo
15 tira dentro de este pozo. Lloro por él, por
nuestro amor. Lloro por todos los enamorados
infelices.

Alejandro: —¿Pasas la vida aquí?

Raquel: —Sí. Lloro por siempre.

20 Alejandro: —¿Por siempre?

Raquel: —Voy a llorar mientras haya odio

*que hay en el
mundo that exists
in the world*

*mientras haya as
long as there is*

105

en el mundo. Algún día todo el mundo va a
quererse, unos a otros. Ese día no voy a llorar
más. Ese día el agua de este pozo ya no va a
25 ser amarga, va a ser dulce.

> Alejandro: —Así lo espero.
>
> Raquel: —¿De dónde eres, niño?
>
> Alejandro: —Soy del Nuevo Mundo, del
> siglo XX.
>
> 30 Raquel: —¿Y todavía hay odio en el siglo
> XX, como en el siglo XV?
>
> Alejandro: —Temo que sí.
>
> Raquel: —¡Qué lástima!

Alejandro comprende la tristeza de Raquel.
35 Él está triste también. Alejandro abraza a Raquel. Quiere consolarla. Alejandro saca un
pañuelo de su bolsillo y le seca las lágrimas a
Raquel. Raquel mira a Alejandro con cariño y
tristeza.

> 40 Raquel: —No te voy a olvidar nunca.
>
> Alejandro: —Ni yo a ti.

Alejandro quiere quedarse con Raquel. No
quiere abandonarla, pero no puede controlar
su anillo. El anillo empieza a brillar y Alejan-
45 dro se encuentra otra vez al lado de sus padres,
cerca del pozo, en el siglo XX.

> Sra. Toledo: —¿Por qué lloras, hijo mío?
>
> Alejandro: —Lloro a causa del odio que hay
> en el mundo.

50 La señora Toledo abraza a Alejandro. Alejandro saca su pañuelo del bolsillo y trata de
secarse las lágrimas. Pero no puede, porque el
pañuelo ya está mojado, mojado con las lágrimas de Raquel. Alejandro aguanta el pañuelo
55 mojado en la mano y piensa que este pañuelo
no se va a secar nunca. Va a estar mojado por

Glosario

quererse *love each other*

Así lo espero. *I hope so.*

Temo que sí. *I am afraid so.*

abraza *hugs*

consolarla *comfort her*
pañuelo *handkerchief*
le seca las lágrimas a Raquel *wipes Raquel's tears away*
Ni yo a ti. *Nor I you.*
quedarse con *stay with*

aguanta *holds*

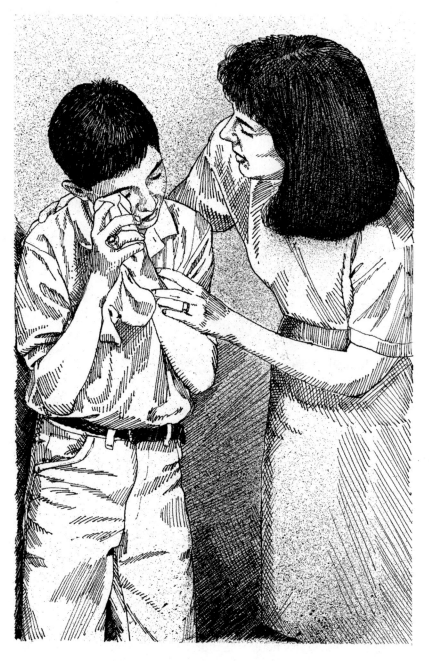

siempre. Alejandro pone el pañuelo de nuevo
en su bolsillo, con las flores de Margarita y la
pluma de la gallina encantada.

60   Durante el viaje a Madrid, Alejandro piensa
en la pobre Raquel.

encantada
enchanted

Ejercicios

A. Verdadero o falso. Si es verdadero, di «verdadero». Si es falso, da la respuesta correcta:

1. Raquel llora porque su novio está muerto.
2. Si no hay más odio en el mundo, Raquel no va a llorar más.
3. Raquel le pregunta a Alejandro si hay televisión en el siglo XX.
4. Alejandro tiene ganas de volver adónde están sus padres en seguida.
5. Alejandro llora y no puede secar sus lágrimas porque ya no tiene pañuelo.

B. Selecciona la mejor respuesta para completar la frase:

1. Raquel y su novio no pueden casarse porque
   a. son de diferentes países.
   b. son de diferentes religiones.
   c. él es rico y ella es pobre.
   d. a los padres de Raquel no les gusta el novio.

2. Raquel llora cerca del pozo porque
   a. su novio está adentro del pozo, muerto.
   b. ella vive cerca del pozo.
   c. el pozo tiene aguas mágicas.
   d. no puede irse de aquel sitio.

3. Raquel no va a olvidar a Alejandro a causa
   a. del anillo mágico.
   b. del pañuelo que Alejandro le da.
   c. del gran cariño y compasión que Alejandro siente hacia ella.
   d. de lo guapo que es Alejandro.

4. El pañuelo de Alejandro está mojado
   a. del agua amarga del pozo.
   b. de las lágrimas de Alejandro.
   c. de las lágrimas del novio muerto.
   d. de la lágrimas de Raquel.

5. El pañuelo, las flores y la pluma que Alejandro tiene en el bosillo le importan mucho a Alejandro porque
   a. son cosas mágicas.
   b. él no quiere olvidar nunca a sus amigos.
   c. se puede vender estas cosas por mucho dinero.
   d. son cosas muy bonitas.

C. Busca a la derecha el antónimo u opuesto de la palabra de la izquierda:

1. el odio
2. mojado
3. contento
4. amar

a. infeliz
b. el cariño
c. odiar
d. seco

D. Completa la frase con la palabra apropiada del vocabulario:

1. Raúl parece una persona sin emociones. No odia a nadie. No ama a nadie. No _____ nada.
2. Un sinónimo de «triste» es _____ .
3. Mi hermana va a casarse con Carlos. Carlos es el _____ de mi hermana.
4. Mi pelo está mojado. Tengo que _____ me el pelo antes de salir.

E. Opiniones personales. Completa las frases:

1. Lloro cuando pienso en _____ .
2. Yo sé que mi amigo/amiga siente cariño hacia mí porque _____ .
3. El odio es una cosa terrible porque _____ .
4. Yo sé que Juan y Teresa son novios porque _____ .
5. Siempre me siento feliz cuando _____ .
6. Siempre me siento infeliz cuando _____ .

19

El pasaporte perdido

VOCABULARIO

perdido	*lost*	**por todas partes**	*all over*
último	*last*	**sobre todo**	*above all,*
la hora de	*the time to*		*especially*
la hora de salir	*time to*	**lo mejor**	*the best*
			part
	leave	**la manga**	*sleeve*
estar listo	*to be ready*	**un par de**	*a pair of*
hay que	*you have to,*	**fuera de**	*outside of*
	you must, it	**pantalones**	*pants*
	is necessary	**subir**	*to go up; to*
perder (e, ie)	*to lose; to*		*climb*
	miss	**el pasaporte**	*passport*

Llega el último día de vacaciones. Ya es hora de salir para el aeropuerto de Barajas y de volver a México. Toda la familia hace sus maletas. Todos están listos. (Todos, menos
5 Alejandro).

Sr. Toledo: —¡Alejandro! ¡El taxi ya está aquí!

Alejandro: —Un momentito, papá.

Sra. Toledo: —Tenemos prisa, hijo. No
10 queremos perder el avión.

Alejandro: —Ya voy, mamá.

Alejandro corre por toda la habitación. Busca sus cosas y las tira en su maleta. No quiere olvidar nada. Sobre todo, no quiere olvidar sus
15 recuerdos: las flores de Margarita, la pluma de

un momentito *just a minute*
tenemos prisa *we're in a hurry*
perder *to miss*
ya voy *I'm coming*
habitación *room*

recuerdos *souvenirs*

110

gallina, el pañuelo con las lágrimas de Raquel
y su anillo mágico. No quiere olvidar sus recuerdos porque no quiere olvidar a sus amigos.
Estos nuevos amigos son lo mejor del viaje.

20 Sr. Toledo: —¡Alejandro! ¡Vamos a perder
el avión!

Alejandro: —Ya voy, papá.

Miguel: —¡Eso es típico de Alejandro! Nunca está listo a tiempo.

25 Isabel: —Siempre tarde. Siempre el último. ¿Por qué no eres como nosotros?

Alejandro: —Porque yo soy quien soy. Todo el mundo no puede ser «perfecto» como tú.

Sra. Toledo: —Basta, niños.

30 Ahora Alejandro tiene todas sus cosas dentro de la maleta. Pero hay otro problema. No puede cerrar la maleta. Alejandro se sienta en la maleta. Por fin la maleta se cierra. Sólo hay una manga de camisa y parte de un par de pan-
35 talones fuera de la maleta. Pero esto no le importa a Alejandro.

Alejandro: —Ya estoy listo.

Sr. Toledo: —Vámonos. Es tarde.   Vámonos. *Let's go.*

La familia Toledo entra en el taxi y va hacia
40 Barajas. En el aeropuerto, facturan sus maletas   facturan *they check*
y corren hacia la puerta para subir al avión. De repente Alejandro descubre algo terrible: ¡no puede encontrar su pasaporte!

Alejandro: —¡Papá! ¡No sé dónde está mi
45 pasaporte!

Sr. Toledo: —¡Ay, chico! Sé que lo tienes. Está en uno de tus bolsillos. Alejandro busca en todos los bolsillos.

Alejandro: —No, papá.

50 Sr. Toledo: —Hay que encontrarlo. No se puede salir sin pasaporte.

Alejandro: —¡Ay, papá! ¡Ya sé dónde está! El pasaporte está en mi maleta.

Sr. Toledo: —¡Pero las maletas ya están en
55 el avión!

Sra. Toledo: —¿Qué vamos a hacer?

Ejercicios

A. Verdadero o falso. Si es verdadero, di «verdadero». Si es falso, da la respuesta correcta:

1. Los Toledo vuelven a México en avión.
2. A la hora de salir todos están listos menos Miguel.
3. La ropa de Alejandro está por todas partes.
4. Es fácil cerrar la maleta de Alejandro.
5. Alejandro cierra la maleta, pero los zapatos no están adentro.
6. Alejandro no puede encontrar las flores, la pluma y el pañuelo.
7. No se puede ir de un país a otro sin pasaporte.
8. Alejandro ya está en el avión cuando descubre que no tiene su pasaporte.
9. El pasaporte de Alejandro está en el hotel.
10. La Sra. Toledo está preocupada.

B. Busca a la derecha el antónimo de la palabra de la izquierda:

1. hay que
2. perder
3. estar listo
4. fuera de
5. último
6. subir

a. no estar preparado
b. bajar
c. no es necesario
d. primero
e. encontrar
f. dentro de

C. Preguntas personales. Contesta con frases completas en español:

1. A la hora de salir para la escuela, ¿siempre estás listo?
2. ¿Hay que estudiar mucho para tener éxito?
3. Según tu opinión, ¿qué es lo mejor de tu día?
4. ¿Tienes pasaporte?
5. ¿Se puede viajar sin pasaporte?
6. De todas las actividades de la escuela, ¿cuál te gusta más?
7. ¿Pierdes tus libros a veces?
8. ¿Llevas la camisa fuera o dentro de los pantalones?
9. ¿En el verano llevas camisas de mangas cortas o de mangas largas?
10. ¿Cuál es el último mes del año?

D. Selecciona la mejor respuesta para completar la frase:

1. De sus vacaciones, lo que más le gusta a Alejandro
   a. es la comida.
   b. es el viaje a Toledo.
   c. es el museo del Prado.
   d. son sus nuevos amigos.

2. Barajas es el nombre del
   a. caballo de Don Quijote.
   b. caballo del Cid.
   c. aeropuerto de Madrid.
   d. aeropuerto de la Ciudad de México.

3. Alejandro no puede sacar su pasaporte de la maleta porque
   a. la maleta está dentro de un pozo.
   b. la maleta está en el hotel.
   c. la maleta está en el avión.
   d. no puede abrir la maleta.

20

El fin del viaje

---

el billete	*ticket*	**la escalera**	*stairs*
el dueño	*owner*	**volar (o, ue)**	*to fly*
bajar	*to go down, to lower*	**el suelo**	*ground; floor*

Los Toledo encuentran a un guardia. El Sr.
Toledo le cuenta el problema y le muestra los
billetes.

    Guardia: —Sólo falta media hora para la sa-
5 lida del avión. Es necesario darse prisa.

    Sr. Toledo: —¿Qué hacemos?

    Guardia: —Tengo que acompañar al dueño
del pasaporte al avión para buscar el pasaporte.
Ustedes deben ir a la puerta a hablarle al re-
10 presentante de la línea aérea e informarle sobre
el problema.

    El Sr. Toledo y su esposa van a la puerta a
hablarle al representante de la línea aérea.

    Alejandro: —No quiero ir solo con el guar-
15 dia.

    Isabel y Miguel: —Vamos con Alejandro.

    Los tres jóvenes van con el guardia. Bajan
una escalera y andan por unos pasillos. Llegan
al avión. El guardia y Alejandro suben al avión,
20 donde se encuentran las maletas. A Alejandro
le parece que entra en la barriga del avión. Por
fin Alejandro encuentra su maleta y la abre. La
ropa que está adentro vuela por todas partes.

*le cuenta el
problema tells him
the story*
salida departure

*darse prisa to hurry
up*

línea aérea airline

*pasillos
passageways*

barriga belly

115

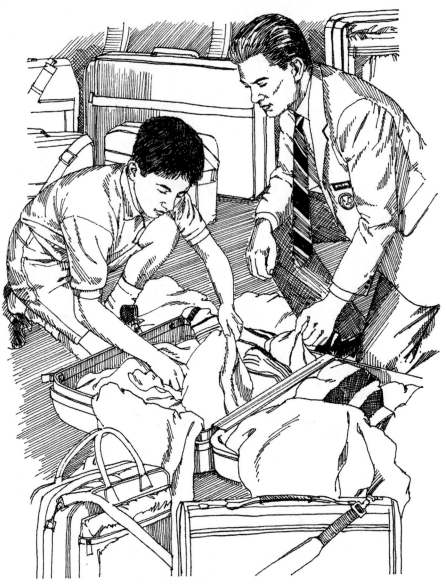

Guardia: —¡Ay, chico!

25 Alejandro: —¡Aquí está mi pasaporte!

Guardia: —¿Cómo vas a cerrar la maleta de nuevo?

El guardia, que es muy simpático, ayuda a Alejandro. Juntos ponen la ropa dentro de la
30 maleta. Después, los dos se sientan sobre la maleta y por fin, después de mucho trabajo, la

cierran. Bajan del avión y afuera los esperan
Isabel y Miguel. Los niños van hacia el pasillo
con el guardia.

35   De repente un hombre grita: —¡Venga acá!
¡Hay una emergencia! Necesitamos ayuda.

    El guardia tiene que irse.

    Guardia: —Tengo que irme, niños. Sigan
este pasillo y van a llegar a la parte central del
40   aeropuerto.

    El guardia se va. Los tres jóvenes andan por
el pasillo, pero llegan a otro pasillo.

    Miguel: —Esta parte del aeropuerto es como
un laberinto.

45   Isabel: —¡Estamos perdidos! Vamos a perder el avión.

    Miguel: —¿Debemos ir a la derecha o a la
izquierda?

    Alejandro mira a la derecha. Mira a la
50   izquierda. No sabe qué hacer. De repente
Alejandro ve algo en el suelo del pasillo de
la derecha. Es una de las flores de Margarita.
(Esta flor cayó de mi bolsillo —piensa Alejandro —. Entonces este pasillo es el que busca-
55   mos).

    Alejandro: —Vamos a la derecha.

    Los tres van a la derecha. Alejandro recoge
la flor del suelo y la pone en su bolsillo. Pronto
suben una escalera y llegan a la parte central
60   del aeropuerto. Corren hacia la puerta. Sus
padres están allí, contentos de ver a sus hijos.
Todos muestran sus pasaportes a un empleado
y suben juntos al avión.

¡Venga acá! *Come here!*

Sigan *Follow*

laberinto *labyrinth*

estamos perdidos *we're lost*

recoge *picks up*

Ejercicios

A. Selecciona la mejor respuesta para completar la frase:

1. El Sr. Toledo le muestra al guardia
   a. el pasaporte.
   b. una carta.
   c. los billetes.
   d. su dinero.

2. Los Toledo tienen prisa (*are in a hurry*) porque
   a. el avión va a salir pronto.
   b. es necesario volver al hotel.
   c. no saben dónde están las maletas.
   d. el guardia tiene otras cosas que hacer.

3. Isabel y Miguel van a acompañar a Alejandro porque
   a. Alejandro no sabe dónde están las maletas.
   b. tienen ganas de ver el avión.
   c. Alejandro tiene miedo de ir solo.
   d. el guardia insiste.

4. Isabel y Miguel
   a. entran en el avión con Alejandro.
   b. ayudan a Alejandro a cerrar la maleta.
   c. vuelven adonde están sus padres sin Alejandro.
   d. esperan a Alejandro fuera del avión.

5. Alejandro encuentra su maleta, pero tiene problemas porque
   a. no puede abrir la maleta.
   b. no puede encontrar el pasaporte.
   c. no puede cerrar la maleta.
   d. el guardia rompe la maleta cuando se sienta en ella.

6. Ahora Alejandro tiene su pasaporte, y su maleta está cerrada. Pero
   Alejandro, Isabel y Miguel tienen otro problema:
   a. no hay bastante tiempo.
   b. sus padres ya están en el avión.
   c. no saben si deben ir a la derecha o a la izquierda para volver
      con sus padres.
   d. no tienen sus billetes.

7. El guardia no ayuda a Alejandro y a sus hermanos porque
   a. no sabe que necesitan ayuda.
   b. no le importa.
   c. tiene que ayudar a otra persona.
   d. está cansado después de cerrar la maleta.

8. Por fin Alejandro sabe adónde ir
   a. a causa de las flores de Margarita.
   b. a causa de su anillo mágico.
   c. a causa del guardia.
   d. porque oye la voz de su padre.

B. Usa las palabras del vocabulario de este capítulo y de los otros capítulos para completar la historia:

Quiero ver la película «Ricitos de Oro» (*Goldilocks*). Compro un (1) _____ para entrar en el cine. Empieza la película.

Ricitos de Oro me parece una niña muy mal educada. Entra en una casa que no es su casa. Nadie la invita. Los (2) _____ de la casa son tres osos: el papá oso, la mamá osa y el bebé osito. Los osos no están en casa cuando Ricitos de Oro entra.

En la mesa, Ricitos de Oro ve el desayuno de los osos. Ella tiene (3) _____ y come la avena (*oatmeal*) del osito. Va a comer la avena del papá, pero la avena cae de sus manos. Ahora hay avena por todo el (4) _____ de la casa.

Ricitos de Oro tiene ganas de dormir porque tiene (5) _____. Sube la (6) _____ a los dormitorios y duerme en la (7) _____ del osito. Los tres osos vuelven a casa y Ricitos de Oro (8) _____ sus voces. Ricitos de Oro quiere escaparse porque tiene mucho (9) _____.

Ricitos de Oro va a la ventana pero no puede salir por la ventana porque no puede (10) _____ como un pájaro. Ricitos de Oro tiene que (11) _____ la escalera para salir. Abajo (*downstairs*) los tres osos limpian la avena del (12) _____. Ellos están sorprendidos (*surprised*) y enojados. La niña (13) _____ de la casa y no va a volver nunca más.

C. Crucigrama

HORIZONTAL

1. No puedes entrar en el avión si no tienes un _____.

5. ¿_____ quieres?

6. Me gusta _____ la voz de Julio Iglesias.

7. A mis padres les gusta ir al cine. Ellos _____ muchas películas.

8. _____ Quijote.

9. El avión _____ por el cielo.

10. Un _____ tiene 365 días.

12. Mi madre tiene _____ de cabeza a causa de la música rock.

VERTICAL

1. Sancho no es alto, es _____.

2. Un _____ es una persona que roba.

3. Tengo que subir una _____ para llegar a mi dormitorio.

4. En el dormitorio de Alejandro, no se puede ver el _____ porque hay ropa por todas partes.

7. El contrario de muerto es _____.
8. El bebé osito es el _____ de la cama en que duerme Ricitos de Oro.
11. ¿Prefieres vainilla o chocolate? La palabra «o», en inglés es

_____.

21

Una amiga simpática

VOCABULARIO

patria	country; native land	**abierto**	open
arriba	up; upward	**demasiado**	too much
lindo	pretty	**lo siento**	I'm sorry
el cielo	sky; heaven	**el turista**	tourist

Alejandro está cansado a causa de su aventura en el «laberinto» de Barajas. Por eso duerme durante el viaje. Se despierta nueve horas después. ¡Ya está en México! El avión
5 aterriza en el Aeropuerto Internacional de la Ciudad de México.

    Los Toledo bajan del avión y van hacia la aduana. Están contentos de estar de nuevo en su patria. Alejandro mira hacia arriba, donde
10 hay una ventana. Quiere ver el cielo mexicano.

    De repente, Alejandro tropieza con una blusa que está en el suelo y se cae. Hay mucha ropa por todas partes. En el suelo ve a una linda muchacha que pone la ropa dentro de una ma-
15 leta abierta. Alejandro la ayuda. Cerca de ella hay un hombre y una mujer, sus padres.

    Padre: —Viviana, si no pones tanta ropa en la maleta, no tienes este problema.

    Viviana: —Sí, papá. Lo siento.
20   Madre: —Debes ser más ordenada, hija.

    Viviana: —Sí, mamá.

    Viviana mira a Alejandro, que la ayuda.

aterriza lands

aduana customs

tropieza trips over

Viviana: —Gracias. Eres muy amable. amable *kind*
¿Cómo te llamas?

25 Alejandro: —Alejandro.

Viviana: —Yo me llamo Viviana. Visito
México con mi familia. ¿Eres turista también?

Alejandro: —No. Soy mexicano. Vuelvo con

mis padres de un viaje a España. ¿De dónde

30 eres?

Viviana: —Mis padres y yo somos de origen cubano, pero vivimos en los Estados Unidos. Somos cubano-norteamericanos. Es la primera vez que visito México. Tengo ganas de cono-

35 cer el país y su cultura.

Alejandro se quita el anillo mágico del dedo. Él sabe que Viviana es la persona ideal para el anillo mágico. Alejandro le da el anillo a Viviana.

40 Alejandro: —Este anillo te va a ayudar a conocer mi patria.

Viviana: —Gracias. Pero no entiendo . . .

Alejandro:—Vas a ver . . . vas a ver.

Ejercicios

A. Verdadero o falso. Si es verdadero, di «verdadero». Si es falso, da la respuesta correcta:

1. El avión llega al aeropuerto de Barajas.
2. A los Toledo les gusta estar de vacaciones, pero ahora tienen ganas de estar de nuevo en su propia patria.
3. Alejandro mira hacia sus pies cuando se cae.
4. Los padres de Viviana están un poco enojados con ella.
5. La maleta de Viviana es demasiado grande para su ropa.
6. Alejandro le da a Viviana las flores de Margarita.

B. Selecciona la mejor respuesta para completar la frase:

1. El aeropuerto de Barajas es como un laberinto porque
   a. es muy grande.
   b. es muy pequeño.
   c. es muy fácil perderse allí.
   d. le faltan pasillos.

2. Alejandro quiere ver el cielo porque
   a. quiere saber si hace sol.
   b. quiere ver los aviones.
   c. tiene sentimientos patrióticos.
   d. le gusta el color azul.

3. Alejandro se cae porque
   a. su propia ropa está en el suelo.
   b. hay una ropa de muchacha en el suelo.
   c. hay una maleta en el suelo.
   d. tropieza con una muchacha que está en el suelo.

4. A causa de sus problemas con la maleta, Viviana nos parece similar a
   a. Juana la Loca.
   b. Miguel.
   c. Isabel.
   d. Alejandro.

5. Alejandro le parece amable a Viviana porque él
   a. la ayuda con la ropa.
   b. es guapo.
   c. es como ella: no es ordenado.
   d. es mexicano.

6. Viviana es
   a. una joven muy ordenada.
   b. una turista.
   c. una joven mexicana.
   d. una joven cubano-norteamericana.

C. Busca a la derecha el antónimo de la palabra de la izquierda:

1. lo siento	a. feo
2. abierto	b. abajo
3. demasiado	c. el suelo
4. la patria	d. estoy contento
5. un turista	e. un país que visitas
6. lindo	f. que no es bastante
7. arriba	g. una persona que vive en el país
8. el cielo	h. cerrado

D. Preguntas personales. Contesta con frases completas en español:

1. ¿Cuál es tu patria? ¿Qué palabra inglesa es similar a «patria»?
2. ¿Cuándo dices «lo siento»?
3. ¿Tienes ganas de ser turista? ¿Qué país quieres visitar?
4. Según tu opinión, ¿hay demasiada violencia en la televisión?
5. ¿Duermes con la boca abierta?
6. ¿Adónde miras para ver el sol?

E. Contesta con frases completas en español:

1. Alejandro sabe que «Viviana es la persona ideal para el anillo mágico». ¿Por qué ella le parece ideal a Alejandro?
2. Según tu opinión, ¿qué va a pasar durante las vacaciones de Viviana?

Vocabulario

This vocabulary is intended to be complete, except for obvious cognates and common basic words learned early in beginning courses.

abierto open
abrir to open
abuelo *m.* grandfather
acerca de about
acompañar to accompany
actividad *f.* activity
adentro inside
aduana *f.* customs
aeropuerto *m.* airport
agua *f.* water
ahora now
ahorcar to hang
aire *m.* air
alegrarse to rejoice, be glad
alegría *f.* joy
alemán German
algo something
alguien somebody, someone; anybody, anyone
algún, alguna some; any
almacén *m.* department store
almendra *f.* almond
almohada *f.* pillow
almorzar to have lunch
almuerzo *m.* lunch
alquilar to rent
alrededor around
alto high
allí there
amable kind
amada *f.*, **amado** *m.* loved one
amar to love
amargo bitter
amiga *f.*, **amigo** *m.* friend
amistad *f.* friendship
amor *m.* love; **amor propio** pride, self-esteem

andaluz Andalusian
andante walking
andar to walk
anillo *m.* ring
animal *m.* animal
anoche last night
ante in front of
antiguo old, ancient
año *m.* year
apetito *m.* appetite
apóstol *m.* apostle
aprender to learn
aquel that
aquí here
árbol *m.* tree
arreglar to fix
arriba above, up
arroyo *m.* brook
arte *m. & f.* art
artista *m. & f.* artist
asado roast, roasted
así this way
atacar to attack
ataúd *m.* coffin
aterrizar to land
aún even, yet, still
aventurero adventurous
avión *m.* airplane
¡ay! ouch!; oh!
ayuda *f.* help
ayudar to help
azúcar *f.* sugar

bailar to dance
bajar to go down; to lower
bajo low

barbaridad nonsense; **¡Qué barbaridad!** My goodness!
barco *m.* ship, vessel
barriga *f.* belly
¡basta! that's enough!
bastante enough
batalla *f.* battle
beber to drink
bello handsome, beautiful
beso *m.* kiss
biblioteca *f.* library
bicicleta *f.* bicycle
bien well
bienvenido welcome
billete *m.* ticket
blanco white
blusa *f.* blouse
bocadillo *m.* sandwich
bolsa *f.* bag
bolsillo *m.* pocket
bolso *m.* handbag
bondad *f.* goodness; kindliness
bonito pretty, beautiful
bravo mad; angry; **ponerse bravo** to get mad, get angry
brazo *m.* arm
brillar to shine
brillo *m.* gleam, shine
bronce *m.* bronze
bruto stupid; brutal
burro *m.* donkey
buscar to look for, search

caballero *m.* gentleman
caballo *m.* horse
cabeza *f.* head
cachivaches *m. pl.* things; junk; utensils
cada each
cadena *f.* chain
caer, caerse to fall
caja *f.* box
cajita *f.* small box
calle *f.* street
cama *f.* bed
cambiar to change
cambio *m.* change; exchange
caminar to walk

camino *m.* road
camisa *f.* shirt
campo *m.* country(side); field
canasta *f.* basket
cansado tired
cantar to sing
capacidad *f.* capacity, skill
capturar to capture
cara *f.* face
cárcel *f.* jail
cariño *m.* affection, love
carne *f.* flesh; meat
casa *f.* house
casarse to get married
casi almost
casita *f.* small house
causa *f.* cause; **a causa de** because of
celar to guard, keep watch over
celos: tener celos to be jealous
cementerio *m.* cemetery
centro *m.* center
cepillo *m.* brush; **cepillo de dientes** toothbrush
cera *f.* wax
cerca de near
cerrar to close
ciega *f.* blind woman
ciego blind; *m.* blind man
cielo *m.* sky; heaven
cine *m.* movie theater
ciudad *f.* city
clase *f.* class
cobarde coward; *m. & f.* coward
colegio *m.* school
colgar to hang
colonia *f.* colony
color *m.* color
comedor *m.* dining room
comenzar to begin, start
comer to eat
comida *f.* meal; supper
compartir to share
compra *f.* purchase
comprar to purchase
comprender to understand
concertar to arrange
conde *m.* count
confesar to confess

confiar en to trust
confusión *f.* confusion
conmigo with me
conocer to know, meet
conocido known
consolar to console
contar to count; to tell
contento glad, happy
contestar to answer, reply, respond
contigo with you
controlar to control, monitor
conveniencia *f.* convenience
copa *f.* cup; glass
corazón *m.* heart
coronel *m.* colonel
correcto right
correr to run
corte *m.* cut
cosa *f.* thing
creer to believe
crimen *m.* crime
cristal *m.* crystal
cristiano Christian
crueldad *f.* cruelty
cruzar to go across
cuadra *f.* block
cuadro *m.* painting
¿cuál? which one?
¿cuándo? when?
cuarto *m.* room
cubano Cuban
cuello *m.* neck
cuento *m.* story; short story
¡cuidado! careful!
cuidar to care for
cultura *f.* culture
curiosidad *f.* curiosity
chico small, little
chico *m.* young boy
chiquita *f.* young girl
chocar to bump
chofer *m.* driver

dama *f.* lady
dar to give
debajo underneath, under
deber to owe; should
decidir to decide

decir to tell
dedo *m.* finger
defenderse to defend oneself
dejar to abandon, leave
del of the
delante before, in front of
delgado thin
demasiado too much
dentro inside
derecha *f.* right
desafortunado unfortunate
desaparecer to disappear
desayunar to have breakfast
descansar to rest
descarado cheeky, insolent
descubridor *m.* discoverer
descubrir to discover
desde from
deseo *m.* wish, desire
despertarse to wake up
después after
detrás behind
día *m.* day
diálogo *m.* dialog
decir to say
diente *m.* tooth
difícil difficult
dinero *m.* money
Dios *m.* God
dirección *f.* address
disculpar to excuse
disfrazado disguised
disfrutar to enjoy
disponer arrange
distinto different
divertido amusing
doblar turn
domingo *m.* Sunday
donde where
Doña Mrs.
dormilón sleepyheaded
dormilón *m.*, **dormilona** *f.* sleepyhead
dormir to sleep
dormitorio *m.* bedroom
dueño *m.* owner
dulce sweet
duro hard
durante during

echar to pour, throw in
edad *f.* age
edificio *m.* building
educado educated; **mal educado** ill-mannered
emperador *m.* emperor
empezar to begin, start
empleada *f.*, **empleado** *m.* employee
empujar to push
enamorada *f.*, **enamorado** *m.* sweetheart
enamorado de in love with
enana *f.*, **enano** *m.* dwarf
encantado enchanted
encontrar to find
enemiga *f.*, **enemigo** *m.* enemy
energía *f.* energy
enfrente in front of
enojado angry
enorme big, enormous
enterarse to find out
enterrado buried
entonces then
entrar to enter, go in; to come in
épico epic
equipo *m.* team
esa that
esas those
escalera *f.* stair
escaparate *m.* wardrobe
escaparse to escape, run away
esconder to hide
escondido hidden
escuchar to listen to
escudero *m.* squire
ese that
eso that thing
esos those
espada *f.* sword
España Spain
español Spanish; **español** *m.* Spaniard
española *f.* Spanish woman
esperar to wait; hope
espíritu *m.* spirit, ghost
esposa *f.* wife
esposas *f. pl.* handcuffs
esposo *m.* husband
esquina *f.* corner

estación *f.* station
estado *m.* condition
estar to be
estatua *f.* statue
éste this one
esto this thing
estos these
estrecho narrow
estudiar to study
europeo European
exigir to demand
éxito *m.* success; **tener éxito** to be successful
experto *m.* expert
explicar to explain
extranjera *f.*, **extranjero** *m.* foreigner
extraño strange
extraordinario extraordinary
extraviado missing

fábrica *f.* factory
fácil easy
facturar to check (*luggage*)
falda *f.* skirt
faltar to be lacking
familia *f.* family
famoso famous
fantástico fantastic
fascinado fascinated
fascinante fascinating
fascinar to fascinate
favorito favorite
fe *f.* faith
feo ugly
feliz happy
ficción *f.* fiction
fiel true, faithful, loyal
figura *f.* shape, form
figurar to simulate; to act, figure
fijo fixed
finalmente finally
flor *f.* flower
florecita *f.* little flower
fondo *m.* bottom
forma *f.* shape, form
fortaleza *f.* fortress
frente a in front of
frito fried

fruta *f.* fruit
fuera de outside of
fuerte strong
furioso angry; furious

gallina *f.* hen
ganar to win
ganas *f. pl.* wish, desire; **tener ganas de** to feel like
ganga *f.* bargain
generoso generous
gente *f.* people
gitana *f.*, **gitano** *m.* Gypsy
gitano *Gypsy*
golpear to hit
gorro *m.* cap
gracias thanks
gran, grande great
gritar to yell, scream
gritos *m. pl.* screams
grupo *m.* group
guapo handsome, attractive
guardar to keep; to put somewhere
guardia *m.* guard
guerra *f.* war
guía *f.* guidebook; *m. & f.* (tour) guide
gustar to be pleasing
gusto *m.* taste

habilidad *f.* ability
habitación *f.* room
hablar to talk
hacer to do; to make
hacia toward
hambre *f.* hunger; **tener hambre** to be hungry
hamburguesa *f.* hamburger
hasta until
hay que you have to
hermana *f.* sister
hermano *m.* brother
hermanos *m. pl.* siblings, brother and sister
hermoso beautiful
héroe *m.* hero
heroína *f.* heroine
hidalgo *m.* nobleman, noble

hija *f.* daughter
hijo *m.* son
hijos *m. pl.* children, sons, son(s) and daughter(s)
historia *f.* history; story
histórico historical
historieta *f.* comic book
hombre *m.* man
hombro *m.* shoulder
hora *f.* hour; time
horca *f.* gallows
hoy today
huérfana *f.*, **huérfano** *m.* orphan; **huerfanita** *f.* young orphan

idealista idealist
iglesia *f.* church
igual equal, same
imaginarse to imagine
imperio *m.* empire
importancia *f.* importance
importar to be important
inconsciente unconscious
increíble incredible
independiente independent
infanta *f.* infanta, princess
infeliz unhappy
infiel unfaithful
informar to inform
ingratitud *f.* ingratitude, ungratefulness
insulto *m.* insult
interesante interesting
interesar to interest
ir to go
irse to go away
izquierda *f.* left

jardín *m.* garden
jarro *m.* jug, jar, pitcher
jaula *f.* cage
joven young; **joven** *m. & f.* young man, young woman
judía *f.* Jewish woman
judío Jewish; **judío** *m.* Jewish man, Jew
juez *m.* judge

jugador *m.* player
jugar to play
juguete *m.* toy
junto a near
juntos together
justo just, fair

laberinto *m.* labyrinth
labrador *m.*, **labradora** *f.*, peasant
lado *m.* side
ladrón *m.*, **ladrona** *f.* thief
lágrima *f.* teardrop
lanza *f.* spear
lápiz *m.* pencil
largo long
lástima *f.* shame; pity
lejos far
lento slow
león *m.* lion
levantarse to get up
ley *f.* law
liberar to liberate, free
libertad *f.* freedom
libertador *f.* liberator
libre free
libro *m.* book
líder *m.* leader
limpio clean
lindo pretty
línea *f.* line
listo: estar listo to be ready; **ser listo** to be smart
literatura *f.* literature
loco crazy
lucha *f.* fight
luchar to fight
luego later
lugar *m.* place

llamar to call
llegar to arrive
lleno de full of
llevar to take; to wear
llorar to cry

madre *f.* mother
magia *f.* magic
mágico magic

magnífico magnificent
maleta *f.* suitcase
malo bad; evil
mamá *f.* mom
mandar to order; to send
manera *f.* manner, way
manga *f.* sleeve
manillas *f. pl.* bracelets
mano *f.* hand
mantel *m.* table cloth
manzana *f.* apple
mañana tomorrow; **mañana** *f.* morning
máquina *f.* machine
más o menos more or less
matar to kill
matrimonio *m.* marriage; couple
mayor older
mazapán *m.* marzipan
medias *f.pl.* stockings; socks
medio: en el medio in the middle
mejor better
menina *f.* maid of honor
menor younger
menos less; except
mentira *f.* lie, falsehood
mercado *m.* market
mexicano Mexican
mezcla *f.* mixture
mío mine
miedo *m.* fear; **tener miedo de** to be afraid of
miembro *m.* member
mientras while
mil thousand
milagro *m.* miracle
milla *m.* mile
minuto *m.* minute
mirada *f.* look
mirar to look
misa *f.* mass
mismo same; equal
misterio *m.* mystery
moderno modern
modo *m.* way, manner
mojado wet
momentito: un momentito just a moment

momento *m.* moment
montaña *f.* mountain
montar to ride
monumento *m.* monument
morir to die
moro *m.* Moor
mostrador *m.* counter
mostrar to show
mover(se) to move
muchacha *f.* girl, young woman
muchacho *m.* boy, young man
muchísimo very, very much
mucho a lot; very much
muchos many
muebles *m.pl.* furniture
muerto dead
muestra *f.* sample
mujer *f.* woman
mundial worldwide
mundo *m.* world
muñeca *f.* doll; wrist
museo *m.* museum
muy very

nacer to be born
nada nothing
nadie nobody
naranja *f.* orange
nariz *f.* nose
necesario necessary
necesitar to need
negro black
ni not even
ningún no, not any; **de ningún modo**
  in no way
niña *f.* little girl; child, kid, baby; **niño**
  m. little boy; child, kid, baby
noche *f.* night
nombre *m.* name
normalmente normally
norte *m.* north
norteamericana *f.*, **norteamericano**
  m. American
norteamericano American
nos to us
nota *f.* note; notice
notar to note, notice

novela *f.* novel
novia *f.* girlfriend
novio *m.* boyfriend
nube *f.* cloud
nuestro our; ours
nuevo new; **de nuevo** again
nunca never

obedecer to obey
objeto *m.* object
ocupar to occupy
odiar to hate
odio *m.* hatred
ofendido offended
oído *m.* ear
oír *to* hear
ojo *m.* eye
oler to smell
olor *m.* smell
olvidar to forget
olvido *m.* forgetting; forgetfulness;
  omission
orden *f.* order, command
ordenado ordered; in order, tidy,
  orderly
orgullo *m.* pride
orgulloso proud
oscuro dark
osito *m.* little bear
otro another

paciencia *f.* patience
padres *m. pl.* parents
pagar to pay
pago *m.* payment
país *m.* country
palabra *f.* word
palacio *m.* palace
pálido pale
palo *m.* stick
pan *m.* bread
panadería *f.* bakery
pantalones *m. pl.* pants
pañuelo *m.* handkerchief
papá *m.* dad
papel *m.* paper
par *m.* pair
para for; in order to

parecer to seem
parte *f.* part; **por todas partes** all over, everywhere
pasado *m.* past
pasaporte *m.* passport
pasar to pass; to spend (*time*)
pasear to go for a walk, go for a ride
pasillo *m.* hall, corridor
patada *f.* kick
patio *m.* yard
pato *m.* duck
patria *f.* mother country, homeland, fatherland
pedazo *m.* piece
pedir to ask for; to beg
película *f.* film
pelo *m.* hair
pena *f.* grief
pensar to think
pequeño small
perder to lose; **perderse** to get lost
perdido lost
peregrinación *f.* pilgrimage
perfección *f.* perfection
pero but
perro *m.* dog
personaje *m.* character; famous person
pertenecer to belong
peseta *f. Spanish currency*
peso *m. Mexican currency*
pez *m.* fish
pícaro *m.* rogue, rascal
pie *m.* foot
piedra *f.* stone
pierna *f.* leg
pillo *m.* rogue, scoundrel
pintar to paint
pirata *m.* pirate
plata *f.* silver
plato *m.* dish, plate
pluma *f.* feather
pobre poor
poco little
poder: se puede one can; it's possible
poema *m.* poem
policía *f.* police, *m. & f.* police officer
poner to put, place; **ponerse enojado, ponerse bravo** to get angry

por fin finally
porque because
poste *m.* pole
postre *m.* dessert
pozo *m.* well
preferir to prefer
pregunta *f.* question
preguntar to ask
premio *m.* prize
preocupado worried
preparar to prepare; **prepararse** to get ready
presentar to present
prestar to lend
prestar atención to pay attention
prestigio *m.* prestige
prima *f.*, **primo** *m.* cousin
primero first
princesa *f.* princess
prisa: tener prisa to be in a hurry
prisionero *m.* prisoner
prohibir to prohibit
prometer to promise
propio own; one's own
próximo next; following
puerta *f.* door
pues since, because; so
puesto *m.* booth; position; **puesto de cambio** money-exchange booth
pulga *f.* flee; **mercado de las pulgas** *m.* flea market
pulguero *m.* flea market
punto *m.* point, spot

que that, which; who; whom; **lo que** what
quedarse to stay
querer to want; to love
quererse to love each other
querido beloved; dear
¿quién? who?
quitarse to take off (*clothing*)

rápido quick
raro strange
rasgar to tear
rasgado torn

rato *m.* time; **dentro de un rato** in a while
ratón *m.* mouse
razón: tener razón to be right
recoger to pick up
reconquistar to reconquer
recuerdo *m.* souvenir, remembrance
refresco *m.* soda
regalo *m.* gift
regreso *m.* return
reina *f.* queen
reír to laugh
rendir to surrender
repente: de repente suddenly
representante *m. & f.* representative
representar to represent
respetar to respect
respeto *m.* respect
restaurante *m.* restaurant;
  restaurante de servicio rápido fast-food restaurant
revisar to revise
rey *m.* king
rezar to pray
rico rich; delicious
río *m.* river
robar to rob; to steal
robo *m.* robbery; theft
rodilla *f.* knee; **de rodillas** on one's knees
romper to break
ropa *f.* clothes, clothing; **ropa interior** underwear
rubio blond

saber to know
sabia *f.*, **sabio** *m.* learned person, scholar
sabio wise
sacar to take out; **sacar buenas notas** to get good grades
sala *f.* living room
salida *f.* exit
salir to exit, go out
salsa *f.* sauce
saltar to jump
sano y salvo safe and sound
santo holy

secar to dry
seco dry
secreto secret; *m.* secret
sed *f.* thirst; **tener sed** to be thirsty
seguida: en seguida immediately
seguir to follow
segundo second; *m.* second
seguro sure; certain
Semana Santa *f.* Holy Week
sentarse to sit down
sentimiento *m.* feeling
sentir to feel; **lo siento** I'm sorry
servicio *m.* service
servir to serve
siempre always
siesta *f.* nap
siglo *m.* century
siguiente following; next
silla *f.* chair
simpático pleasant, nice
sinagoga *f.* synagogue
sirvienta *f.*, **sirviente** *m.* servant
sitio *m.* place
situado located
sobre over, on; **sobre todo** above all, especially
sobrenombre *m.* nickname
sobrino *m.* nephew
soga *f.* rope, cord
solamente only
soldado *m.* soldier
solo alone
sólo only
soñador *m.* dreamer
soñar to dream
sorprendido surprised
sorpresa *f.* surprise
subir to climb; to go up
subterráneo underground
sucio dirty
suelo *m.* floor, ground
suelto loose
sueño *m.* dream
suerte *f.* luck
supuesto: por supuesto of course

también also
tanto so much

tapas *m. pl.* savory tidbits
tarde late
tazón *m.* bowl; large cup
temblar to tremble; shiver
temprano early
terminar to finish, end
ternura *f.* tenderness
tienda *f.* store
típicamente typically
típico typical
tirar to throw
títere *m.* puppet
tocar to touch
todavía still
tontería *f.* foolishnes
tonto silly
traer to bring
tranquilo tranquil, calm
tránsito *m.* traffic
tras behind
tratar to treat
travieso mischievous; naughty
triste sad
tristeza *f.* sadness
tutear to address somebody with **tú**

último last
único only

vacío empty
valiente brave, valiant, courageous

valientemente courageously
varios various
vendedor *m.*, **vendedora** *f.*, sales
   representative
venir to come
venta *f.* inn
ventana *f.* window
ventero *m.* shopkeeper
ver to see
verdad *f.* truth
verdadero true
vestido *m.* dress
vestido: mal vestido poorly dressed
vez: otra vez again
viajar to travel
viaje *m.* trip
vida *f.* life
videojuego *m.* videogame
vidrio *m.* glass
vigilar to watch over
viuda *f.* widow
viudo *m.* widower
volar to fly
volver to get back, return
voz *f.* voice

ya already
ya no no longer
yanqui *m. & f.* Yankee, American